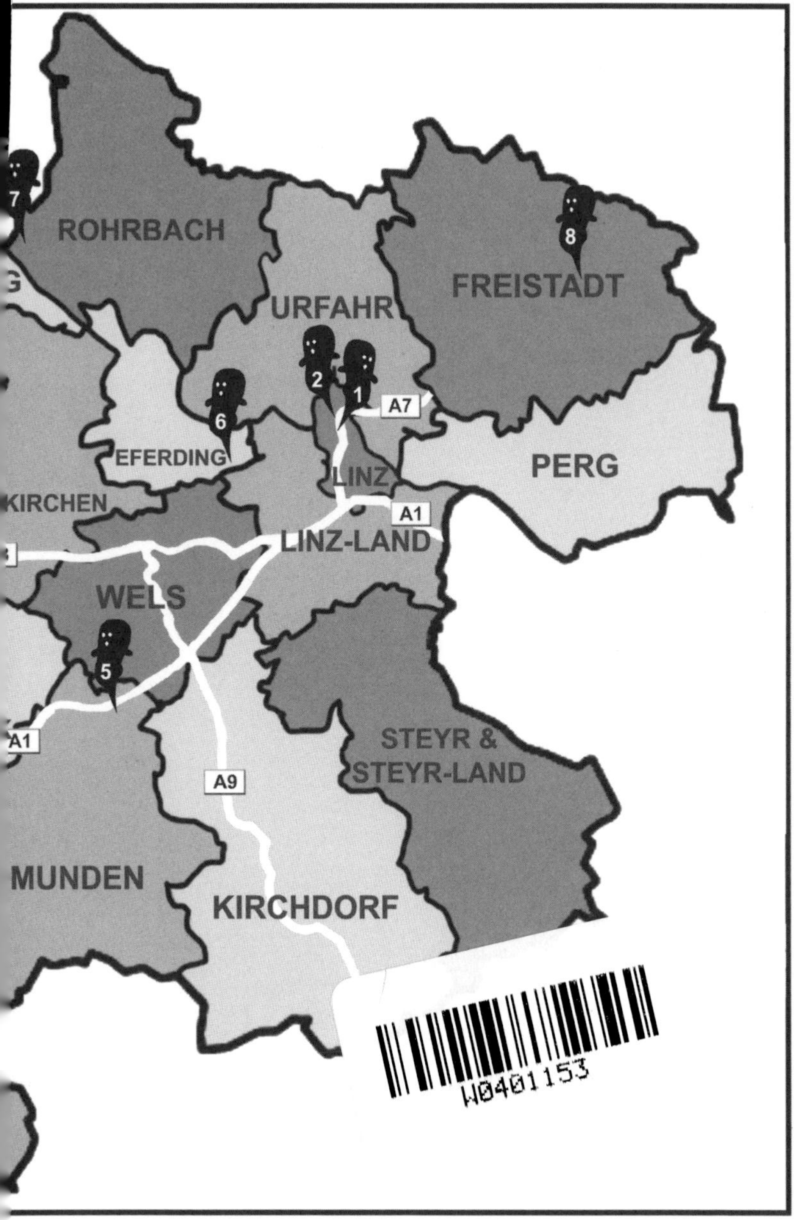

ROHRBACH
FREISTADT
URFAHR
EFERDING
PERG
LINZ
A7
A1
KIRCHEN
LINZ-LAND
WELS
A1
A9
STEYR &
STEYR-LAND
MUNDEN
KIRCHDORF
1
2
5
6
7
8

Gabriele Hasmann

Spuk in Oberösterreich

Gabriele Hasmann

SPUK IN OBER-ÖSTERREICH

Mysteriöse Orte und Begegnungen

ueberreuter

Mein Dank gilt
allen Interviewpartnerinnen und -partnern,
Michael Jäger,
Wolfgang Lennert, Pressereferent OÖ Seniorenbund,
Dr. Herbert Edlinger, Institut für
Wissenschaft und Kunst OÖ

1. Auflage 2015

ISBN 978-3-8000-7608-6

Umschlaggestaltung: BoutiqueBrutal.com
Umschlagfoto: © Pamela Obermaier
Fotos im Innenteil: © Pamela Obermaier
Karte der Spukorte: © Michael Jäger
Satz: Strobl, Satz·Grafik·Design, Neunkirchen
Druck und Bindung: Druckerei Theiss, St. Stefan im Lavanttal

www.ueberreuter-sachbuch.at

Inhalt

Einleitende Worte

Dieses kleine Buch, das in jeden Rucksack oder jede City-Bag, jedes Damentäschchen oder Handschuhfach passt, wird rasch zum unverzichtbaren Begleiter für Sie werden, wenn Sie auf den Spuren der oberösterreichischen Geister wandeln. Es führt Sie durch Gebiete und an Orte, wo die lebendige Geschichte in Verbindung mit geheimnisvollen Mächten, die seit grauer Vorzeit auf Landschaft und Bevölkerung wirken, Sie ganz und gar vereinnahmen wird. Dunkle Seen, mächtige Berge, rauschende Wälder und mystische Bauten werden Sie in ihren Bann ziehen und völlig verzaubern, bis es Ihnen nicht mehr verwunderlich erscheint, dass an diesen Plätzen Geister hausen, die dort bis in alle Ewigkeit verweilen.

Lassen Sie sich von dem Land, in dem man Abgeschiedenheit in der Natur und magische Plätze gar nicht suchen muss, weil sie einem auf Schritt und Tritt begegnen, faszinieren – von feinstofflichen Energien und geheimnisvollen Wesen, die von Zeit zu Zeit den Kontakt zu den Menschen suchen und mit ihnen kommunizieren.

Wenn Sie bereit sind einzutauchen in die Schönheit der Region und die an vielen Orten über die Realität gestülpte Anderswelt, so werden Sie Dinge erleben, die Sie in Erstaunen, angenehmes Gruseln und manchmal vielleicht auch in Ratlosigkeit versetzen.

Aber fürchten Sie sich nicht! Denn die Wesen aus dem Jenseits oder aus einer anderen Dimension sind uns Menschen nicht böse gesinnt. Oft wollen sie nur gesehen und gehört, in einigen Fällen auch von ihrem Schicksal erlöst werden. Manche von ihnen wissen nicht, dass sie unter uns Lebenden herumspuken, andere werden von Schuldgefühlen oder Rachegelüsten im Diesseits gehalten, und wieder andere haben noch etwas zu erledigen, bevor sie die grobstoffliche Welt verlassen können. Doch noch sind sie da – und wenn Sie sich darauf einlassen können, ihnen zu begegnen, werden Sie sie auch wahrnehmen.

Erleben Sie mithilfe dieses Buches den Zauber Oberösterreichs und wandeln Sie auf den Spuren seiner Schatten aus der Vergangenheit, seiner Energien, Geister und Naturwesen, die sich in diesem Bundesland bevorzugt in alten Gemäuern und über den Dächern der Städte und Dörfer aufhalten.

Vergessen Sie nicht, dass es sich bei den Geschichten in diesem Buch, die mir von Augenzeugen erzählt wurden, um Momentaufnahmen einzelner Individuen handelt. Erwarten Sie daher also nicht, genau dasselbe zu erleben!

Bleiben Sie auf Ihrer Spurensuche durch Oberösterreich offen, genießen Sie die Schwingungen an den Schauplätzen, die ich für Sie erkundet habe, und spüren Sie in die Tiefe – in die der beschriebenen Orte, aber auch in Ihre eigene.

Dann werden Sie garantiert so manche Überraschung erleben.

Ich wünsche Ihnen eine schöne Reise!

Herzlichst,
Gabriele Hasmann

Linz: Linzer Schloss und Freinberg

Fluchende Geister beim »Trutzbauer«, höfliche Zwerge und ein Gespenst lehrt Geschichte

1 Auf dem Platz, einer Anhöhe über dem Altstadtviertel von Linz, wo heute das Schloss der oberösterreichischen Hauptstadt steht, befand sich bereits im 8. Jahrhundert eine Burg, die zur Sicherung des Donauübergangs errichtet wurde. Diese »Burg zu Linze« tauchte namentlich erstmals in einer Schenkungsurkunde aus der Zeit Karls des Großen auf – in demselben Dokument wie die Martinskirche, das älteste Gotteshaus Österreichs.

1210 gelangte sie in den Besitz des Babenbergerherzogs Leopold VI., 1236 überstand sie die Belagerung durch

Herzog Otto II. von Bayern und 1260 richtete König Přemysl Ottokar II. hier seine Landesverwaltung ein. Ab 1288 ließen sich fast zwei Jahrhunderte lang, mit kurzen Unterbrechungen, die Wallseer in dem Gemäuer nieder. 1391 wird erstmals ein Gefängnis in der Burg erwähnt, die 1460 von Wolfgang von Wallsee an Herzog Albrecht VI. abgetreten wurde, der sie renovieren ließ und sie bis zu seinem Tod 1463 bewohnte.

Friedrich III. ließ die Anlage nach dem überraschenden Ableben seines verhassten jüngeren Bruders Albrecht (es hieß, man habe ihn vergiftet) wegen der drohenden Gefahr aus Ungarn – der Kaiser war von König Matthias Corvinus bereits aus Wien und Wiener Neustadt vertrieben worden – 1477 sanieren und vergrößern. Damals wurde auch die Linzer Stadtmauer errichtet, in die man die Burg miteinbezog. In dem Komplex wurde auch eine Wasserleitung verlegt.

1489 kam es in der Festung zu einem Showdown zwischen Kaiser Friedrich III. und König Matthias Corvinus, damals fand auch das erste in Linz nachweisbare Turnier (Ritterspiel) statt.

1490 zog sich Friedrich endgültig auf die Burg zurück und ernannte Linz als vorübergehenden Mittelpunkt des Habsburgerreiches zur »Hauptstadt unseres Fürstentums ob der Enns«. In seiner Pension widmete sich der Herrscher dann der Alchimie und Astrologie und hielt sich am liebsten auf der Aussichtswarte der Burg auf. Zuletzt übersiedelte Friedrich jedoch in sein Stadthaus, da das Gemäuer nach mehreren Bränden bereits äußerst desolat war. Er starb 1493, vermutlich im Kremsmünsterer Stiftshaus am Alten

Markt, nach dem »Verzehr von Melonen«, wie damals üblicherweise als Todesursache angegeben wurde. Tatsächlich dürfte er nach einer Beinamputation so geschwächt gewesen sein, dass er das Fasten an Mariä Himmelfahrt nicht überlebte.

Nach Friedrichs Tod befahl sein Sohn und Erbe, Kaiser Maximilian I., im Jahr 1500 die Burg neu herzurichten und einen Tiergarten anlegen zu lassen.

1529, während der ersten Belagerung Wiens durch die Türken, zog sich Ferdinand I., der Enkel von Maximilian I., mit seinem Hofstaat in die Linzer Burg zurück. Auf seine Veranlassung hin wurden die Mauern verstärkt und 1551 die Kapelle neu erbaut.

Kaiser Maximilian II., Ferdinands Sohn, hielt sich hier auf, als er nach Ausbruch der Pest aus Wien flüchtete.

Mit dem Erbauen des heutigen Schlosses unter Kaiser Rudolf II. wurde um 1600 begonnen. 1604 entstanden das Haupttor zur Stadt und das Rudolfstor, der Südtrakt war 1607 erstmals bewohnbar, das Innere des Nordtraktes ist erst nach 1613 ausgebaut worden. Im Schloss waren nun die Wohnräume des Landeshauptmannes und seiner Beamten sowie zahlreiche Kanzleien der landesfürstlichen Ämter untergebracht. Die vom Kaiser bewohnten Räume befanden sich im ersten Stock. 1614 hielt man hier den österreichischen Reichstag ab.

In der Zeit danach diente das Schloss häufig als Verbannungsort für prominente politische Gefangene. 1683, während der Zweiten Wiener Türkenbelagerung, residierte Kaiser Leopold I. im Linzer Schloss, auch die Erbhuldigungen von Rudolf II. und Maria Theresia fanden hier statt. Ab dann begann langsam der Niedergang des Schlosses. Als die Burg von Wiener Neustadt 1768 durch ein Erdbeben schwer beschädigt worden war, wollte Kaiser Josef II. die Militärakademie in das bereits leer stehende Linzer Schloss verlegen. Kostengründe hielten ihn letzten Endes jedoch davon ab. Allerdings ließ er ab 1774 die Bibliotheken der aufgelassenen Klöster Linz, Traunkirchen und Steyr hier unterbringen.

Im Jahr 1800 vernichtete ein Großbrand neben 68 Häusern der Altstadt auch große Teile des Schlosses. 1808 begannen die Wiederherstellungsarbeiten, doch auf einen Neubau des Südtraktes wurde verzichtet. 1811 zog in den notdürftig restaurierten Bau das k. k. Provinzial-Strafhaus ein, das man 1851 nach Garsten verlegte.

Nach 1945 und der zeitweisen Verwendung als Flüchtlingslager und Gendarmerie-Kaserne wurde das Schloss 1960 restauriert und beherbergt seither das Oberösterreichische Landesmuseum.

Die Befestigungsmauern der ehemaligen Burg sind noch heute zu sehen, ebenso die Bastion und das Friedrichstor mit der Inschrift AEIOU, dem mystischen Code Friedrichs III.

Der westliche Zugang zum heutigen Schloss erfolgt durch den sogenannten Trutzbauer, ein Vorwerk des Friedrichstors. Es handelt sich dabei um einen aus Granitbruchsteinmauerwerk errichteten Torbau mit einem rundbogigen Durchgang und sieben schmalen Schießscharten im ersten Obergeschoss. Dahinter liegen die gewaltige, leicht gekrümmte Westmauer und der ehemalige Burggraben.

Seinen Namen erhielt der Trutzbauer im Jahr 1626, nachdem hier die oberösterreichischen aufständischen Bauern, bereits ohne ihren Anführer Stefan Fadinger, vergeblich versucht hatten, die Burg zu stürmen, nachdem sie sie zwei Monate lang belagert hatten.

Auf den Fahnen der wütenden Bauern konnte man folgenden Spruch lesen:

Von Bayern Joch und Tyrannei
Und seiner großen Schinderei
Mach uns, o lieber Herrgott, frei!
Weil's gilt die Seel' und auch das Gut,
so soll's auch gelten Leib und Blut!
O Herr, verleih' uns Heldenmut!
Es mueß seyn!

Im Gegensatz zu den Bauernaufständen 1525 und dem Zweiten Oberösterreichischen Bauernkrieg zwischen 1595 und 1597 richtete sich der Aufstand im 17. Jahrhundert unter Stefan Fadinger (1585–1626), dem sich unter anderem auch Handwerker, vereinzelt sogar niedrige Adelige anschlossen, fast ausschließlich gegen die Gegenreformation und die bayrische Besatzung.

Aufgrund eines Vertrages von 1619 hatte Kaiser Ferdinand II. Oberösterreich 1620 an seinen Jugendfreund und Vetter, den streng katholischen Herzog Maximilian von Bayern, als Gegenleistung für dessen Waffenhilfe verpfändet.

Doch auch die immer größere Ausbeutung der Bauern, die nicht nur bestimmte Mengen an Getreide und Fleisch abliefern mussten, sondern auch Geldabgaben zu leisten hatten, war mit ein Grund für die Auflehnung.

Als eigentlicher Auslöser der Bauernaufstände gilt jedoch das »Frankenburger Würfelspiel«, mit dem der bayrische Statthalter Adam Graf von Herberstorff auf die Erhebung bewaffneter Untertanen gegen die Vertreibung des protestantischen Pfarrers und die gewaltsame Einsetzung eines katholischen Pfarrers reagierte. Herberstorff lud am 15. Mai 1625 Bürger und Bauern, die Tage zuvor an einem Aufstand in Frankenburg beteiligt gewesen waren, zur großen Linde am Hausamer Feld vor und versprach ihnen bei Erscheinen Straffreiheit. Doch er ließ die Gruppe sofort nach Ankunft von einer Heerschar umstellen, und 36 Pfarrausschüsse, Richter, Räte und Zechpröbste mussten danach um ihr Leben würfeln. Die 16, die dabei verloren, wurden sofort dem Henker übergeben.

Bis Pfingsten des Jahres 1626 planten der Bauer Stefan Fadinger und sein Schwager, von jedem Hof und jedem bürgerlichen Haus in Oberösterreich je einen Mann für ihren Aufstand zu rekrutieren. Ziel war es, Oberösterreich von den Bayern zu befreien und das Land dem habsburgischen Kaiser zurückzugeben.

Doch der Aufstand brach bereits zwei Wochen vor Pfingsten aus, als bayrische Soldaten in Lembach einem Bauern das Pferd stehlen wollten, und breitete sich über ganz Oberösterreich aus. Ab dem 24. Juni 1626 ist auch Linz belagert worden. Bereits am ersten Tag wurde Stefan Fadinger angeschossen, und zwei Wochen später verstarb er in einem Haus am heutigen Fadingerplatz an einer Blutvergiftung in Folge der schlecht versorgten Schusswunde. Der Kampf ging ohne den Anführer weiter und endete erst mit Beginn des Winters. Den Bauern ging es danach schlechter als je zuvor, zahlreiche Rädelsführer wurden zudem noch enthauptet oder gehenkt.

Und seit Mitte des 17. Jahrhunderts erscheinen beim Trutzbauer immer wieder Spukgestalten ohne Kopf: Es handelt sich hier offensichtlich um die Opfer der Schlacht im Jahre 1626, um jene Bauern, die damals im Kampf ihr Leben ließen. Zeugen berichten, dass der Spuk allerdings nicht nur nachts zur Geisterstunde zu beobachten ist, sondern auch tagsüber – man soll dabei die Bauern herumschreien und wilde Flüche ausstoßen hören. So schnell wie sie kommen, verschwinden sie angeblich auch wieder, um einige Zeit später erneut aufzutauchen und Schlossangestellte und Besucher zu erschrecken.

Mir liegt der Ohrenzeugenbericht eines ehemaligen Museumsangestellten vor, der nicht genannt werden möchte und auch keine umfangreiche Schilderung abliefert:

»Ich will nicht, dass man mich für verrückt hält, denn ich habe immer gesagt: Geister gibt's nicht, alle, die behaupten es spukt, haben ein weit größeres Problem als angebliche Stimmen aus dem Jenseits zu hören. Und dann hab' ich sie selbst gehört. Bei allem was mir heilig ist, kann ich beschwören, dass ich Männer fluchen, keuchen und brüllen gehört habe, als ich einmal zur Mittagszeit unten stand, um eine zu rauchen. Direkt neben mir haben sie plötzlich losgelegt, und da war weit und breit kein Mensch zu sehen. Ich bin so dermaßen erschrocken, dass ich fast die Zigarette verschluckt hätte – kein Witz. So schnell hat mich mein Kollege auch noch nie laufen gesehen, als er zu mir herunterkam. Er weiß bis heute nicht, warum ich davongerannt bin. Gekündigt hab ich nach diesem Erlebnis zwar nicht, aber alleine rauchen bin ich auch nicht mehr gegangen. Aber das Schlimme daran ist, dass ich heute weiß, dass es so etwas wie Spuk gibt, dass manche Menschen sich auch nach ihrem Tod noch bemerkbar machen. Warum gerade bei mir, ist mir zwar ein Rätsel, aber ich habe es akzeptiert. Vielleicht hätten sie aber auch neben jedem anderen losgebrüllt, nehmen möglicherweise keine Rücksicht darauf, ob sich da gerade jemand aufhält, wenn sie aus dem Jenseits auftauchen, um diese Schlacht von damals noch einmal zu durchleben. Aber ich wünsche mir, dass mir so etwas nie wieder passiert, denn es hat mir wirklich große Angst gemacht.«

Doch die fluchenden Geister beim Trutzbauer sind offenbar nicht das einzige unerklärliche Phänomen, das beim Linzer Schloss zu beobachten ist.

Glaubt man meinen Interviewpartnern, einer 37-jährigen Lehrerin aus Linz und einem älteren Ehepaar aus Deutschland, leben Wichtel in der ehemaligen Burg, die sich von Zeit zu Zeit im Museum und beim Rudolfstor blicken lassen.

Eine alte Sage scheint diese Aussagen zu bestätigen:

Als die Stadt Wien zum letzten Male durch die Türken bedroht ward, floh die kaiserliche Familie nach Linz. Die Kaiserin traf zuerst im Schlosse ein. Todmüde durch die weite, hastige Reise, begab sie sich bald zur Ruhe. Nach kurzer Weile wachte sie indes wieder auf und erblickte beim Schein des Nachtlichtes ein artiges Zwerglein. Es tanzte um das Bett, trieb allerlei Possen und begehrte schließlich die Hand der Kaiserin zu küssen. Diese war sich bewusst, dass ein Leibtrabant vor der Tür ihres Schlafgemaches Wache stand und das seltsame Geschöpf nur ohne dessen Wissen in das Zimmer gekommen sein konnte. Sie griff daher nach dem Glockenzug, um ihre Dienerschaft herbeizurufen. Allein das Männlein klatschte mehrmals freudig in die Hände, verneigte sich noch einmal tief und verschwand im anschließenden Gelass. Dort gab vielfaches Händeklatschen die Anwesenheit und Freude weiterer Zwerge kund. Als am nächsten Tag der Kaiser in Linz eintraf, stellte sich heraus, dass er gerade zur Stunde, da die Zwerge ihre Freude kundgaben, auf seiner gefährlichen Flucht einer Tatarenstreife glücklich entronnen war.

Die Lehrerin Jasmin K. berichtet mir nun Folgendes von ihrem Erlebnis im Schlossmuseum, das sie im Mai 2013 mit ihrer Klasse besucht hat:

»Es war ein Mittwoch, als ich vormittags mit meinen Burschen und Mädchen der zweiten Klasse Gymnasium das Landesmuseum auf dem Schlossberg in Linz besuchte. Die Kinder waren recht brav, meine Kollegin Isabella und ich hatten sie gut im Griff. Während die Gruppe herumschlenderte, mehr oder weniger interessiert an den Objekten von historischer Bedeutung für das Land Oberösterreich, streiften meine Blicke eher die Menschen in den Räumen, da ich die Ausstellungsstücke von mehreren Besuchen mit meinen Klassen bereits zur Genüge kannte. Als ich eine ältere Dame in gelbem Outfit mit großem Hut auf dem Kopf musterte, die in betont aufrechter Körperhaltung mit großen Augen durch den Saal schritt, bemerkte ich zu meinem Entsetzen eine kleine Gestalt, die sich an den wadenlangen Rock der Frau klammerte und mit tippelnden Schritten hinter ihr herlief. Ich blinzelte einmal, blickte zu einem Schüler, der gerade über die Aussage einer seiner Klassenkameradinnen lachte, und schaute danach wieder zurück zu der Gestalt in Gelb, die etwas steifbeinig von Schauobjekt zu Schauobjekt stelzte. Als ich langsam zu Boden sah, hing dort immer noch der Zwerg an einem Stoffzipfel und schaute zu der Dame auf, während er sich immer im selben Abstand zu ihr von der Stelle bewegte. Ich dachte mir, dass es zwei Möglichkeiten der Aufklärung dieser absurden Beobachtung gäbe: Entweder ich war übergeschnappt und hatte einen Schlaganfall erlitten mit den Folgen, an Halluzinationen zu leiden, oder dieses Wichtelmännchen existierte tatsächlich. Da ich mich relativ gesund fühlte, musste das Wesen real sein. Ich ging zu meiner Kollegin, nahm sie zur Seite und schilderte ihr meine Beobachtung, während ich unauffällig zu der Frau in dem zitronengelben Kostüm mit dem riesigen Hut deutete. Isabella blickte angestrengt mit zusammengekniffenen Augen auf den Boden neben und hinter der Frau und schüttelte dann bedauernd den Kopf. Gott sei Dank sah sie mich dabei nicht so an, als hätte ich nicht mehr alle Tassen im

Schrank, sondern sagte nur: ›Tut mir leid, Jasmin, ich sehe keinen Troll.‹ Als wäre es das Selbstverständlichste von der Welt, dass ich Zwerge (das Wort ›Troll‹ hat sie benutzt, nicht ich!) wahrnahm und sie nicht, zuckte sie mit den Schultern und ging zu einer Gruppe von Schülern zurück, die ihr erwartungsvoll entgegenblickten, weil sie offenbar eine Frage hatten. Was Isabella in diesem Moment von mir dachte, will ich gar nicht wissen. Sie hat den Vorfall jedenfalls mit keiner Silbe jemals erwähnt. Frustriert überlegte ich, was ich nun unternehmen könnte. Ich schaute mir die kleine Gestalt näher an: Sie war etwa dreißig Zentimeter groß und barfuß, trug eine Art Anzug in der Farbe Dunkelgrün und hatte langes, weißes Haar. Die Augen leuchteten in einem strahlenden Hellblau – das hatte ich gesehen, als der Wichtel einmal zu mir herschaute, ohne dabei in irgendeiner Art auf mich zu reagieren. Ich schlich der Frau nach, als sie in einen anderen Raum ging, obwohl ich eigentlich bei meinen Schülern hätte bleiben müssen. Und dann war sie weg, und mit ihr der Zwerg. Wie eine Irre bin ich mehrmals auf und ab gelaufen, doch die Dame im gelben Dress und ihren kleinen Begleiter habe ich nicht mehr angetroffen. Später fragte ich sogar den Mann beim Eingang, ob er sich an die Person mit dem großen Hut erinnern konnte, doch er schüttelte den Kopf und sah mich dabei seltsam an. Letztlich habe ich keine Ahnung, ob die Frau existierte, ob der Zwerg wirklich da war, was genau ich gesehen hatte. Fest steht, dass ich die beiden seit diesem Zeitpunkt immer wieder im Augenwinkel erblicke, überall, in der Stadt, in der Natur – aber jedes Mal, wenn ich genauer hinschaue, sind sie verschwunden.«

Julia (75) und Josef Groller (78) aus München haben den Wichtel im Herbst 2013 ebenfalls gesehen, und zwar beim Rudolfstor. Julia erzählt:

»Wir waren auf unserer Rundreise durch Österreich auch zu Besuch im Linzer Schloss, das wir uns aber nur von außen angesehen haben. Wir spazierten also gemütlich um das schöne Gebäude, als wir beim Rudolfstor ankamen, das ehemalige Haupttor zur Stadt, das Kaiser Rudolf II. zu Beginn des 17. Jahrhunderts erbauen ließ. Plötzlich stieß mich mein Mann unsanft in die Rippen und deutete wortlos auf die rechte Mauer direkt am bogenförmigen Durchgang. Zuerst habe ich gar nichts gesehen und wollte schon nachfragen, als sich etwas bewegte, als würde die Luft an dieser Stelle rotieren. Und dann erblickte ich zu meinem Erstaunen einen kleinen Mann in grüner Uniform, ähnlich der eines Jägers, mit weißem Haar, das ihm fast bis zum Gesäß reichte. Das Verwirrende daran war jedoch, dass mir diese Gestalt, die uns neugierig musterte, höchstens bis zu den Knien reichte, es sich dabei also nicht um einen Menschen handeln konnte. Josef sagte noch immer nichts und atmete schwer, sodass ich meine Aufmerksamkeit ihm zuwandte und für einen Moment Angst bekam, er würde kollabieren – er hat nämlich ein schwaches Herz. Mein Mann starrte an die Wand neben dem Rudolfstor und so schaute auch ich wieder an die Stelle, an der immer noch der kleine Mann stand und zu uns herübersah. Doch dann wandte er sich ab und rannte davon, und das in einem Tempo, das ebenfalls nicht menschlich war – also wie in einem Film, den man mit doppeltem oder dreifachem Schnellvorlauf abspielt. Josef brauchte dann einen Schnaps, ich eine Beruhigungstablette. Wir haben niemandem von unserer Beobachtung erzählt, reden aber noch heute und vermutlich bis zu unserem Tod immer wieder darüber, können die Erscheinung weder erklären noch vergessen. Obwohl nichts Schlimmes passiert ist und diese komische Gestalt irgendwie herzig war, belastet uns der Vorfall doch sehr – einfach weil wir etwas gesehen haben, woran wir nicht glauben. Es gibt keine Elfen, Kobolde oder dergleichen. Aber was ist uns dann beim Linzer Schloss begegnet?«

Doch nicht nur beim Linzer Schloss halten sich seltsame Wesen auf, deren Existenz nicht so einfach erklärt werden kann, sondern scheinbar auch in der weiteren Umgebung des Schlosses.

So wurde von Wolfgang Lennert, einem 57-jährigen Chefredakteur aus Linz, ein jenseitiges Wesen am Hausberg der oberösterreichischen Hauptstadt gesichtet, das ihn gelehrt hat, wie der Freinberg (zu Fuß vom Schloss etwa anderthalb Kilometer über die Römerstraße Richtung Westen oder mit dem Bus der Linie 26 erreichbar) zu seinem Namen kam.

Der 405 Meter hohe Berg im Stadtgebiet von Linz, etwa zwei Kilometer westlich des Zentrums, stellt den südlichen Abschluss einer Hügelkette dar. Auf der Anhöhe befindet sich ein ehemaliges Jesuitenkloster, heute das Gymnasium Kollegium Aloisianum, die Johannes-Kepler-Sternwarte Linz und eine Rundfunksendeanlage. Außerdem stehen auf dem Berg noch ein Turm (heute Teil des Aloisianums) und die Maximilianskapelle, erbaut im frühen 19. Jahrhundert auf Initiative von Erzherzog Maximilian Joseph von Österreich-Este, Fachmann für Artillerie und Festungswesen und Hochmeister des Deutschen Ordens. Und an den südlichen Ausläufern, von der Bevölkerung »Gugl« genannt, wurde Mitte des 20. Jahrhunderts das Linzer Stadion erbaut.

Den höchsten Punkt dieses beliebten Naherholungsgebietes bildet eine Parkanlage, in der sich auch ein Aussichtsturm, die Franz-Josefs-Warte, befindet.

Und genau an diesem Ort, am nördlichen Ende des Freinberg-Plateaus, kam es zu der Begegnung zwischen dem Ehepaar Lennert und einem mutmaßlichen Geist:

»Es war an einem heißen Sommertag im Jahr 2001, an dem meine Gattin und ich beschlossen, einen kleinen Ausflug zu unternehmen. Gegen 13 Uhr haben wir uns mit unserem damals sechsjährigen Sohn Thomas vom Zentrum unserer Heimatstadt aus zu Fuß auf den Weg zum Freinberg gemacht. Nach einem Zweistundenmarsch erreichten wir die Grünanlage und beschlossen, die Franz-Josefs-Warte zu besichtigen, die im Jahr 1888 vom Linzer Verschönerungsverein zu Ehren des vierzigjährigen Jubiläums der Regentschaft von Kaiser Franz Joseph errichtet worden war. Wir erklommen die 137 Stufen des Turms und genossen einen herrlichen Ausblick über Linz. Anschließend stiegen wir wieder hinunter, um weiterzuwandern. Zu diesem Zeitpunkt haben wir keine anderen Spaziergänger getroffen. Meine geschichtlichen Erklärungen, die ich als väterlicher Hobbypädagoge an diversen Ausflugspunkten abgegeben hatte, motivierten unseren Sohn zu der Frage, warum die Anhöhe den Namen Freinberg trage. Da musste ich passen – für eine Antwort reichten meine Geschichtskenntnisse nicht aus, und so zuckte ich nur ratlos mit den Schultern. Ich versprach dem Jungen aber, das zu Hause in Erfahrung zu bringen und ihm die Information nachzureichen. Wir gingen gerade abseits des Weges über eine Wiese, als mit einem Mal eine ältere Dame neben uns stand und uns fragte, ob wir wüssten, wie der Berg zu seinem Namen kam und was sich hier sonst noch in früheren Zeiten so alles abgespielt hatte. Meine Gattin war dermaßen überrascht von dem plötzlichen Auftauchen dieser fremden Person, dass sie keine Antwort gab, und mir hatte es ebenfalls die Sprache verschlagen. Nur Thomas lächelte freudig und schüttelte dabei den Kopf. Ich fand es mehr als verwunderlich, dass diese Frau gerade in dem Moment erschien und diese Frage stellte, als unser Sohn dasselbe von mir wissen wollte. Doch die Dame schien weder meinen skeptischen Blick noch meinen Versuch, mit einer abwehrenden Geste Distanz zwischen ihr und uns wahren zu wollen, zu bemerken, oder sie ignorierte beides ganz einfach. Sie begann zu erzählen, dass der Freinberg bereits im Spätneolithikum um 3000 v. Chr. besiedelt war, was diverse Funde belegen. Wissenschaftler konnten auch eine Befestigungsanlage aus der späten Bronzezeit um 1000 v. Chr. nachweisen, die vermutlich dreimal errichtet und jedes Mal durch Feuer zerstört wurde. Der Freinberg dürfte damit der erste dauerhaft besiedelte Ort im heutigen Linz gewesen sein. Während des ersten Jahrhunderts v. Chr. haben dann die Kelten den Gipfelbereich des Freinberges befestigt. Das Ende dieser Ära fand durch eine Verlagerung des Siedlungsschwerpunktes im Laufe der zweiten Hälfte des ersten Jahrhunderts v. Chr. Richtung Martinsfeld bzw. Römerberg statt, wo sich die ersten römischen Kaufleute und Siedler niederließen. Der Name Freinberg, der schon 1583 existierte und vermutlich von seinem einstmaligen ›freien‹ Besitzer, Marschall Wolfern von Wallsee stammt, hat mit ziemlicher Sicherheit ursprünglich nur das Gebiet zwischen Jesuitenkolleg und Jägermayr bezeichnet. Der nördliche Teil hieß ›Galgenberg‹, weil sich dort ab dem Jahr 1494 die Richtstätte befand, anschließend ›Jägermayrberg‹ (Jägermayrwald). Erst seit 1910 findet sich in den Unterlagen die Bezeichnung Freinberg für den gesamten Höhenrücken in der Stadt Linz. Beeindruckt von diesen geschichtlichen Details wollten wir uns bei der Dame bedanken. Doch bevor wir uns versahen, kehrte sie uns den Rücken zu, ging davon und löste sich Sekunden später in Luft auf. Bei dem klaren Wetter hätten wir ihre Gestalt beim Weggehen noch eine Zeit lang sehen müssen, doch sie verschwand spurlos direkt vor unseren Augen.

Meine Gattin und ich haben die Tatsache, dass wir wohl einem Geist begegnet waren, den unsere Unwissenheit störte, eher mit einem Lächeln zur Kenntnis genommen. Und auch für unseren Sohn stellte dieses mysteriöse Treffen mit der älteren Dame auf dem Freinberg kein ungewöhnliches Ereignis dar. Heute kann er sich daran allerdings nicht mehr erinnern, prahlt im Freundeskreis aber ganz gerne damit, als Kind ein ›leibhaftiges Gespenst‹ gesehen zu haben.«

Linz: Hotel Schiff

Die Geister im »Goldenen Schiff« und eine Filmvorführung aus dem Jenseits

2 Der Häuserkomplex an der Landstraße 36, in dem sich später das Hotel Schiff befand, wurde am 26. Februar 1563 von Johann Boniat an den Ratsbürger und Bürgerspitalsverwalter an Sebastian Murauer verkauft, der an dieser Stelle in der Vorstadt ein Bruderhaus gründete. Er bestimmte »drei Häusl samt zwei Stadeln« für die Versorgung armer Leute, etwa für arbeitsunfähig gewordene Diener, die keine Aufnahme im Bürgerspital fanden. Im Bauernkrieg beschädigt, hat man das Gebäude ab 1630 mit den Strafgeldern der emigrierten Protestanten neu aufgebaut. Es

bestand bis zum Jahr 1787. Ein Jahr später wurde im zur Landstraße ausgerichteten Trakt des Häuserkomplexes das Gasthaus »Zum Goldenen Schiff« eröffnet, das vom ersten Tag an einen beliebten Treffpunkt für die Linzer Vorstädter darstellte. Laut Eintragung im »Verzeichnis der in der k. k. Hauptstadt Linz und in den Vorstädten befindlichen Häuser« gehörte das Lokal, das zu diesem Zeitpunkt die Hausnummer 526 trug, im Jahr 1834 einem Ludwig Wolkenstein. Nebenan befand sich damals ein Wein- und Viktualienhandel (Lebensmittelgeschäft).

Und diesem Wirt aus dem 19. Jahrhundert dürfte eine Besucherin des Hotels, das nur wenig später aus dem Gasthaus entstehen sollte, im April des Jahres 1923 begegnet sein, wie ein Tagebucheintrag der damals 35-jährigen Lucia Winter verrät (zur Verfügung gestellt von einem Nachkommen der Verfasserin, der ungenannt bleiben möchte).

Seltsame Dinge tragen sich zu in diesem Hotel Schiff, mir dünkt, ich habe mit einem Geist gesprochen – mit einem sehr zuvorkommenden und netten Wesen seiner Art. Aus Langeweile und dem Mangel an Müdigkeit heraus, bin ich gestern am Abend noch auf einen Drink in die Bar des Hauses gegangen, um meinen obligatorischen Schlaftrunk, einen Martini auf Eis, zu mir zu nehmen. Es befanden sich außer mir nur noch zwei ältere Herren im Raum, die mir aber keinerlei Beachtung schenkten, obwohl ich üblicherweise mit meinem langen roten Haar und der schlanken, hochgewachsenen Gestalt viele wohlwollende Blicke auf mich ziehe und durch-

aus so manches Mal große Aufmerksamkeit errege. Ich setzte mich auf einen der Hocker direkt am Tresen und bestellte mein Getränk, danach vertiefte ich mich in meine Gedanken, die nicht sehr erfreulich waren an diesem Tag. Daher war ich nicht unfroh, als mich der Barmann ansprach und mich in eine lose Plauderei verwickelte, die freilich nicht über den Smalltalk hinausging. Er hieß Ludwig und erzählte mir, dass er der Besitzer des Gasthauses sei. Ich wusste nicht genau, was er meinte, war aber bereits sehr schläfrig und fragte daher nicht nach. Gegen 23 Uhr verließ ich die Hotelbar und ging zu Bett.

Heute Morgen erhielt ich jedoch die Erklärung für die Ungereimtheit, als ich beim Verlassen des Hotels darum ersuchte, Trinkgeld für Ludwig hinterlassen zu dürfen, da ich am Vortag kein Kleingeld mehr dafür parat gehabt hatte. »Bei uns gibt es keinen Herrn dieses Namens«, erfuhr ich von der Dame an der Rezeption, die mich auf meine Bitte hin mit einer hochgezogenen Augenbraue arrogant musterte. Ich beschrieb den Mann aus der Bar so gut ich konnte, erhielt aber als Antwort nur ein Kopfschütteln und den recht schnippischen Kommentar: »Josef hat gestern ausgeschenkt, bis zur Sperrstunde. Und der sieht auch ganz anders aus als IHR Herr Ludwig.« Nun gut, dachte ich, und verließ das Hotel, um meinen Geschäften in Linz nachgehen zu können.

Als ich heute jedoch später am Tag auf der Suche nach dem Zigarettenetui in meine Westentasche griff, zog ich ein Blatt Papier hervor, das sich zuvor ganz sicher noch nicht dort befunden hatte. Ich entfaltete den Zettel und las: Es gibt immer eine Lösung, scheint das Problem auch noch so groß! Ihr ergebener Ludwig Wolkenstein. Verdattert fuhr ich eine Stunde später zum »Hotel Schiff« zurück, da ich gerade Zeit hatte, um der überheblichen Dame von der Rezeption meinen Beweis vorzulegen – sollte die doch nicht denken, dass ich eine fragwürdige Person wäre.

Ich wurde jedoch sofort ins Büro verwiesen, wo mich der Hotelier empfing. Ihm schilderte ich nun meine Lage, die er mit einem Lächeln quittierte. Danach holte er wortlos ein dickes Buch aus dem Regal, öffnete es und deutete mit dem Finger auf einen Schriftsatz, den man vor etwa 90 Jahren verfasst hatte. Er besagte, dass das Haus damals als Gasthaus geführt wurde und der Eigner Ludwig Wolkenstein hieß. Wortlos reichte ich dem Mann meinen Zettel, den er erstaunt las. Wir wussten danach beide nicht, wie uns geschah, und so verließ ich das Hotel so klug, wie ich gekommen war. Trinkgeld habe ich letztlich keines hinterlassen, denn was würde ein Geist schon damit anfangen wollen.

Auch aus der Zeit, nachdem das Gasthaus »Zum Goldenen Schiff« ab etwa 1860 zum gleichnamigen Hotel geworden war, stammt ein Geist, der offenbar nicht auschecken kann oder möchte.

Der 47-jährige Matthew Lipolt aus den USA, ein gebürtiger Oberösterreicher, der jetzt als Pharmareferent in New York lebt, hat Folgendes am 22. Mai 2012 erlebt, es noch am selben Tag seiner Tante, Inge K., erzählt und nun auch mir am Telefon geschildert:

»Ich befand mich geschäftlich in der Stadt und sollte einen Termin im Gebäude mit der Adresse Landstraße 36 wahrnehmen, wusste zu dem Zeitpunkt natürlich nicht, dass sich dort einst ein Hotel befunden hatte. Als ich wartend am Gang im ersten Stockwerk stand, da ich zu früh dran war und nicht voreilig mit der Tür ins Haus fallen wollte, schwebte plötzlich eine Frau an mir vorbei. Sie schien mich nicht wahrzunehmen, obwohl ich höflich grüßte. Sie war sehr zierlich und hübsch, hatte hochgestecktes, braunes Haar und feine Gesichtszüge. Ihr Outfit fand ich allerdings recht seltsam – sie trug ein langes hellrotes Kleid, das sich über dem Gesäß bauschte und dessen Stoff beim Gehen laut raschelte, sowie beigefarbene Schnürschuhe. Die Frau lief zielstrebig auf eine Mauer zu, hinter der ich ein Büro vermutete, und … schritt hindurch. Zuerst starr vor Fassungslosigkeit, dann allerdings neugierig, klopfte ich an der nächsten Tür und öffnete, als von innen ein unwirsches »Herein« ertönte. Ich betrat den Raum, in dem eine Angestellte die Tastatur ihres Computers bearbeitete und nur kurz aufblickte, als ich mich räusperte und unauffällig umsah. Die Dame im hellroten Kleid war, wie nicht anders erwartet, nicht zu sehen. ›Kann ich Ihnen helfen?‹, wurde ich nun gefragt, doch ich verneinte und verließ das kleine Büro, um wieder meine Position am Gang einzunehmen und auf meinen Geschäftspartner zu warten.

Am Abend besuchte ich die Schwester meiner Mutter in Linz, bei der ich vor meinem Rückflug nach New York am nächsten Morgen auch übernachten wollte, und erzählte ihr die Geschichte, weil ich mit jemandem darüber reden musste. Zu meinem Erstaunen lächelte mich Tante Inge nur an und teilte mir dann mit, als sei es das Selbstverständlichste auf der Welt, dass ich dem Geist meiner Vorfahrin, einer von Rambach, begegnet sei. Die Adelige hatte sich in dem Gebäude, als sich darin noch ein Hotel befand, aufgrund von Liebeskummer am 22. Mai 1869 das Leben nehmen wollen.«

Zu dieser Geschichte existiert auch ein Zeitungsartikel, den mir Inge K. in Kopie zugeschickt hat:

Eine seit Anfang dieses Monats im Hotel »Zum Goldenen Schiff« einlogirt gewesene Dame aus Salzburg, Namens Edle von Rambach, machte verflossenen Samstag Mittags einen Selbstmordversuch, indem sie sich mit Zündhölzchenköpfchen vergiften wollte. Ehe noch das Gift vollständig wirken konnte, wurde ihr Unternehmen entdeckt und dem herbeigerufenen Herrn Med. Dr. Haller gelang es, die Unglückliche am Leben zu erhalten. Nach Anwendung der ersten ärztlichen Hilfen wurde die Dame in das Spital der Elisabethinerinnen überbracht. Gegenwärtig befindet sie sich entschieden auf dem Wege der Besserung.

(Quelle: Linzer Tagespost, 24. Mai 1869)

Doch die alten Mauern haben nicht nur Traurigkeit und Unglück gesehen, sondern auch Freude und Ausgelassenheit erlebt. In den Räumlichkeiten des noblen Hotels fanden häufig kulturelle Veranstaltungen und rauschende Feierlichkeiten statt, unter anderem im Jahr 1895 das erste Musikfest Österreichs mit dem 1887 erfundenen Grammofon. Doch man wollte den Linzern noch mehr bieten und richtete, nachdem in Wien die erste Kinovorführung des Landes am 27. März 1896 (im »Cinématograph« im Haus Ecke Kärntnerstraße/Krugerstraße) stattgefunden hatte, schon ein Jahr später im Erdgeschoss des Hotels »Zum Goldenen Schiff« ein Lichtspielhaus ein. Dort hat man zur Unterhaltung der Leute, ursprünglich im Gartensalon, später in einem der großen Säle, regelmäßig »lebende Fotografien in Lebensgröße« vorgeführt. Das erste Kino Oberösterreichs war entstanden, das an diesem Standort erst im Jahr 2006 endgültig seine Pforten schließen sollte. Betreiber dieser Institution in dem Linzer Hotel war der 1863 geborene und aus Preußen stammende Wanderkinobesitzer Johann Bläser, ein Freund der Gebrüder Lumière aus Frankreich (Erfinder der Filmtechnik und Urheber des Projektes Cinématograph), der das »Goldene Schiff« zwölf Jahre später kaufte.

Am Samstag, dem 20. März 1897, feierte das Lichtspielhaus Premiere, und Bläser hatte folgende Anzeige in der »Linzer Tagespost« und im »Linzer Volksblatt« geschaltet:

Hotel »Zum Goldenen Schiff« vom 20. Bis incl. 28. März
Lebende Photographien, Cinématograph
Demonstration: Vormittags 10, 11 und 12 Uhr
Nachm. ½ 3, ½ 4, ½ 5, u. ½ 6 Uhr
Entree: I. Platz: 50 kr, II. Platz: 30 kr

Zwischendurch zog der Preuße aber auch noch mit seinem »Bioskop« (Wanderkino) durchs Land, dabei drehte er unter anderem 1899 zwei »Films« (die spurlos verschwunden und trotz intensiver Suche nie mehr aufgetaucht sind) in Klagenfurt, als dort gerade Kaiser Franz Joseph I. bei den Herbstmanövern in Kärnten zu Gast war. Für den Streifen »Die Abfahrt vom Bahnhofe bei der Ankunft in Klagenfurt« filmte er mit seiner Kamera unter anderem die Ankunft des Kaisers und die des Erzherzogs Franz Ferdinand am Klagenfurter Hauptbahnhof. Diese Bilder und andere Kurzfilme, sogenannte One-Reeler, wurden von Bläser noch vor Ort im »Hotel Sandwirt« vorgeführt.

Die Bioskopvorstellungen im »Sandwirt«-Saale sind sehr gut besucht und verdienen dies auch. Einige Bilder sind zwar etwas »flatterhaft«, die meisten aber in ruhiger Beleuchtung sehr sehenswert, namentlich die farbigen, wie »Serpentinentanz«, »der Landmann«. Von den Bildern über die Anwesenheit Sr. Majestät des K a i s e r s in Klagenfurt ist das erste, »Die Abfahrt vom Bahnhofe bei der Ankunft in Klagenfurt« etwas trüb, das zweite aber »Abfahrt aus der Burg nach dem Wörthersee« sehr günstig beleuchtet. Für morgen, Donnerstag, sind neue Bilder angesagt.

Die Bioskopvorstellungen im Saale des »Hotel Sandwirt« waren auch gestern gut besucht und das neue Programm fand lebhaften Beifall. Besonders hübsch sind die Nummern »Tiroler Nationaltanz«, »Schmetterlingstanz« etc. Viel Heiterkeit erregten die komischen Bilder »Der gestörte Fischer« und »Der schlafende Kutscher«. Sehr hübsch und klar ist das Bild »Der Mimiker«, bestehend aus 600 Momentaufnahmen. Abends um 9 Uhr fand eine sehr gut besuchte Herrenvorstellung statt. Der Besuch der Bioskopvorstellungen kann jedermann als interessant und unterhaltend empfohlen werden.

(Quelle: Klagenfurter Zeitung, Nr. 246 und 248, Oktober 1899)

Von Johann Bläser stammt auch der älteste erhaltene österreichische Film aus dem Jahr 1903: »Der Besuch Kaiser Franz Josephs in Braunau/Inn« (stumm, s/w, Dauer zwei Stunden und 14 Minuten). Es handelt sich dabei zugleich auch um die ersten Filmaufnahmen des Monarchen.

Einige Jahre nach dem Kauf des Hotels im Jahr 1909 benannte Bläser sein Lichtspielhaus in »Bläsers Zentral-Kinematograph« um. Es gab drei Säle, der größte hatte 318, der mittelgroße 120 und der kleinste 88 Sitzplätze.

Der Hotelier präsentierte täglich eine Vorstellung mit bewegten Bildern, an Wochenenden zwei mit einer Dauer von jeweils rund einer Stunde und 15 Minuten. Hierbei flimmerte eine wöchentlich wechselnde Auswahl an Kurzfilmen aus der ganzen Welt über die Leinwand. Darüber hinaus ließ der Kinobetreiber aber auch einfache kurze Straßenaufnahmen aus Linz laufen, die sich großer Beliebtheit beim Publikum erfreuten, da die Besucher mit diesen Lokalaufnahmen die Gelegenheit hatten, die ihnen vertraute Umgebung erstmals auf der Leinwand zu sehen.

Nach dem Ende des Ersten Weltkriegs erwarben die oberösterreichischen Sozialdemokraten im Jahr 1920 das »Goldene Schiff« von Johann Bläser, die in einem der Säle eine Bibliothek eröffneten und andere Räumlichkeiten an Parteigenossen verpachteten. Einige Zimmer wurden als Linzer Parteisekretariat und Arbeiterheim genutzt. 1921 erfolgte der Umbau des Kinos und des Hotels. 1922 eröffneten die Besitzer den modernisierten Filmvorführungsraum mit 800 Plätzen als »Zentraltheater-Kino«. 1930 lief erstmals ein

Tonfilm, ein Jahr später wurden trotz heftiger Proteste unter Polizeischutz politisch umstrittene Werke wie »Im Westen nichts Neues« aufgeführt.

Vier Jahre später war das Hotel Schiff, wie es zu diesem Zeitpunkt bereits hieß und in das auch noch Gäste einquartiert wurden, Ausgangspunkt des Österreichischen Bürgerkriegs, auch Februarkämpfe genannt, als die faschistische Heimwehr gemeinsam mit Heer und Polizei die Macht im Staat übernehmen wollte. Als am 12. Februar 1934 die Exekutive begann, das Hotel nach Waffen zu durchsuchen, widersetzten sich die Anwesenden – es handelte sich dabei um den von Bundeskanzler Engelbert Dollfuß 1933 verbotenen Schutzbund, also die 1923/24 gegründete paramilitärische Organisation der österreichischen Sozialdemokratischen Arbeiterpartei – und eröffneten, wie zuvor angekündigt, das Feuer. Grund für die Razzia war ein von einer Postbeamtin abgehörter verschlüsselter Anruf, der in der Nacht davor im Hotel eingegangen war (Richard Bernaschek, Parteisekretär der SDAP, Widerstandskämpfer und Schutzbundführer, wurde mit einem Text angewiesen, vorerst nicht tätig zu werden: »Der Tante geht es gut, die Ärzte und Onkel Otto sind der Meinung, dass man nichts unternehmen dürfe!«), woraufhin der Linzer Sicherheitsdirektor die im Parkbad geplante Aktion zur Suche nach dem Waffenlager der Schutzbündler zur Zentrale der Sozialdemokratischen Partei im Hotel umleitete.

Um 7 Uhr morgens versucht eine Polizeieinheit im Hinterhof des Hotels Schiff an der Landstraße in Linz, wo sich die Zent-

rale der Sozialdemokratischen Partei Oberösterreichs befindet, eine Waffensuche durchzuführen, gerät aber in das MG-Feuer aus einem Fenster im ersten Stock. Gleichzeitig dringen zwei Kriminalbeamte in die Räumlichkeiten ein und verhaften mit Richard Bernaschek den Landesleiter des Schutzbundes und zwei weitere Führungspersönlichkeiten. Sein engster Vertrauter Otto Huschka wird an der Promenade verhaftet. Damit ist der Schutzbund schon am Beginn der Kämpfe geschwächt. Bernaschek kann zuvor darüber noch seine Einheiten telefonisch alarmieren. Somit werden die am Vortag bereitgestellten Waffen an den vorgesehenen Positionen aus den Verstecken ausgegeben. Am Tag davor informiert Bernaschek mittels Briefkurier die Wiener Parteileitung, dass er bei weiteren Waffensuchen Widerstand leisten wird und ersucht, dass sich auch die Wiener auf einen vereinbarten Nachrichtentext hin anschließen und den Generalstreik ausrufen mögen.

(Quelle: Forum OÖ Geschichte, Virtuelles Museum Oberösterreich)

Die bewaffneten Auseinandersetzungen, die an diesem Tag ihren Anfang nahmen, griffen rasch auf angrenzende Teile der Linzer Innenstadt über. Nur Stunden später wurde auch bereits in anderen Bundesländern gekämpft.

Das Hotel Schiff samt Kino wurde noch am selben Tag durch Einheiten der Armee eingenommen und beschlagnahmt. Die Kämpfe auf dem Platz vor dem Gebäude forderten ein Todesopfer, und auf einer Tafel, die sich im Hof an einer Wand befindet, steht der folgende Text: »Februar 1934 / Den Opfern und Kämpfern für Freiheit und Recht / In diesem Haus gab Rudolf Kunst sein Leben für die Demokratie / Das ist es, was aus allem alles macht, daß es getan worden ist, und so wird sich vielleicht die Geschichte nicht wiederholen. Gertrude Stein.«

Bei dem damals 32 Jahre alten Rudolf Kunst handelte es sich um einen MG-Schützen, der aus dem Dametz-Saal im zweiten Stock aus einem Fenster zum Hof das Feuer auf die Polizei eröffnete und danach, gegen Mittag, aus dem Haus gegenüber selbst erschossen wurde. Ihm zu Ehren hat man im Linzer Bezirk Ebelsberg eine Straße benannt. Den Schutzbundführer Richard Bernaschek hat man verhaftet, später aber wieder freigelassen und im April 1945 im KZ Mauthausen ermordet. Seinen Namen trägt ein Platz in der oberösterreichischen Hauptstadt.

Der Dametz-Saal, in dem der junge Rudolf Kunst sein Leben lassen musste, diente damals primär diversen Organisationen zum Abhalten ihrer Sitzungen und wurde später in mehrere kleine Büroräume unterteilt.

Im Jahr 1948, drei Jahre nach Ende des Zweiten Weltkriegs, wurde das ehemalige Hotel Schiff an die SPÖ zurückgegeben, die bis heute in den Räumlichkeiten der oberen Stockwerke die Landesgeschäftsstelle Oberösterreich untergebracht hat. In Richard Bernascheks Büro sitzt nun der SPÖ-Landesgeschäftsführer.

Darüber hinaus haben sich in dem Gebäude Büros und Geschäfte eingemietet.

Im Laufe der Zeit gab es auch einige optische Veränderungen an der Außenseite des Hauses. So wurde 1836 ein drittes Stockwerk aufgesetzt; 1862 erhielt der Bau eine neugotische Fassade. Die beiden oberen Geschosse wurden 1890 von Michael Lettmayr gestaltet; die Adaptierung der ersten Etage mit Girlanden und Medaillons hat Baumeister Max Ortner 1909 vorgenommen.

Neben spukenden Gestalten in Form eines passionierten Gasthausbesitzers, der offenbar immer noch hin und wieder seine Gäste bewirtet, und einer suizidalen Adeligen scheint es noch mehr Geister im ehemaligen Hotel Schiff zu geben, wenngleich auch nicht auf derselben Etage.

Hermine W., 56, angestellte Reinigungskraft und in dieser Funktion auch in dem Gebäude in der Landstraße 36 tätig, berichtet von sonderbaren Vorkommnissen, die in den Räumlichkeiten der oberen Stockwerke vor sich gehen sollen:

»Ich putze die Büros im Haus seit vier Jahren und hab' bis jetzt Stillschweigen darüber bewahrt, was in den Zimmern vor sich geht. Aber ich glaube, es ist an der Zeit, im Namen der Geister zu sprechen und von ihrer Existenz zu berichten.

Bereits als Kind konnte ich mit Verstorbenen Kontakt aufnehmen, bis diese immer häufiger an mich herangetreten sind, um mir ihre Geschichte zu erzählen oder einem Hinterbliebenen etwas auszurichten. Man gewöhnt sich daran, auch wenn es einen hin und wieder erschreckt und gruselt, muss aber hin und wieder auch ›den Kanal schließen‹, um Ruhe vor den Jenseitigen zu haben.

Im ehemaligen Hotel Schiff machte ich das aber nicht, weil ich spürte, dass ich mehr über die Schicksale der dort anwesenden Toten erfahren sollte. Es sind zwei Männer, die sich immer wieder zu mir gesellen, wenn ich dort mit dem Staubwedel zugange bin – so seltsam das klingen mag, aber sie lieben es, wenn ich sie damit ›berühre‹, sie behaupten, sie spüren ein leichtes Kitzeln. Ich freue mich, wenn ich sie damit zum Lächeln bringen kann, denn die beiden sind zwei traurige Gestalten, die an das Haus gebunden sind und das nicht ändern können. Entgegen anderer Aussagen von Medien bin ich der Meinung, dass das mit dem ›ins Licht schicken‹ und ›Erlösen‹ Quatsch ist. Die Geister sind gefangen bis in alle Ewigkeit, nicht, weil sie hier im Diesseits noch etwas zu erledigen haben, wie man das auch so oft hört, sondern weil sie die negative Energie, die bei ihrem Tod ausgetreten ist, wie Klebstoff an die Lokalität, an der das passiert ist, bindet. Es gehen nur die endgültig von dieser Welt, die schon ausreichend oft gelebt, alles abgearbeitet und gelöst und daher ihren Seelenfrieden gefunden haben.

Bei einem der Geister handelt es sich um Rudolf Kunst, er hat es mir noch selbst sagen können. Später vergessen die Gestalten nämlich ihren Namen und werden anonym. So ist es bei dem anderen Mann, von dem ich zuerst dachte, es handle sich um Richard Bernaschek, weil er mir immer in dem Büro über den Weg läuft, in dem sich der Schutzbundführer früher aufgehalten hat. Aber das geht sich nicht aus, da der Jenseitige schon seit mindestens zweihundert Jahren tot sein muss. Richard Bernaschek hingegen müsste seinen Namen noch wissen.

Ich kenne mich mit der Geschichte des Hauses aus, weil mein Mann sich für historische Gebäude in der Stadt interessiert und mir alles über das ehemalige Hotel Schiff erzählt hat. Mir fällt aber sonst niemand ein, der dort spuken könnte. Ist aber auch egal, ich jedenfalls nenne den zweiten Mann Frido. Er ist sehr traurig und klammert sich häufig an Rudolf Kunst, weil der, gemessen an der Ewigkeit, noch nicht lange tot ist und Frido daher offenbar an das Lebendigsein erinnert.

Wenn Rudi nicht gerade mit Frido durchs Haus geistert, steht er mit grimmiger Miene an dem Fenster des ehemaligen Dametz-Saals, an dem er 1934 erschossen wurde. Er hadert immer noch mit seinem Schicksal und verflucht seine Leichtfertigkeit. ›Hätte ich mich nicht so ungeschickt positioniert und mich zu weit aus der Deckung gewagt, wäre ich nicht so jung ums Leben gekommen‹, sagt er oft. Frido ist nicht mehr so wütend, er hat bereits resigniert. Alles, was er weiß ist, dass er von einem eifersüchtigen Rivalen im Zuge des Werbens um eine Frau irgendwo im Haus erwürgt wurde. Die Toten vergessen mit der Zeit nicht nur ihre Identität, sondern auch die Details ihres Lebens und Sterbens.

Rudolf Kunst hat mir aufgetragen, nachdem ich ihm mitteilte, dass ich ein Interview zum Thema Geister im Hotel Schiff gebe, Folgendes von ihm auszurichten: Das Jenseits, in dem so viele Geister gefangen sind, ist ohne Licht und Liebe und die Menschen sollen ihr Leben jede einzelne Sekunde genießen und versuchen, Frieden zu finden«.

Nachdem NS-Behörden das Hotelgebäude im Jahr 1938 beschlagnahmt hatten und es 1945 von Fliegerbomben teilweise zerstört worden war, fand nach Kriegsende die Wiedereröffnung des Kinos mit dem Film »Stolz und Vorurteil«

für amerikanische Besatzungssoldaten statt. Es gab vorerst nur einen Raum mit Leinwand.

Ab 1949 spielte das Kino nonstop, zu dieser Zeit befand sich in dem Haus auch noch ein Restaurant wie alte Fotos beweisen. 1982 wurden die Kapazitäten des Lichtspielhauses auf drei Säle erweitert, das 1985 von der Konstantin-Kette übernommen und 2006 endgültig geschlossen wurde.

Nach aufwendigen Umbauarbeiten in den Jahren 2013 und 2014 gibt es nun im Bereich des ehemaligen Kinos im hinteren Trakt des Gebäudekomplexes ein Café und einen großen Veranstaltungssaal, in dem auch Filmvorführungen möglich sind. Dort wurden bereits früher, noch zu Zeiten von Johann Bläser, rauschende Feste für erlesene Gäste gefeiert. Diese finden allerdings offenbar immer noch ab und zu statt, wie mir ein 27-jähriger Arbeiter, der auf der Baustelle in dem Gebäude beschäftigt war, aber aus Angst vor dem Spott seitens seiner Kollegen anonym bleiben möchte, erzählt hat. Und ob nicht auch Johann Bläser an seine ehemalige Wirkungsstätte zurückgekehrt ist, sei ebenfalls dahingestellt.

»Eigentlich ist bis zu dem Tag, an dem ich fast meinen Job hingeschmissen hätte, nie etwas Besonderes in dem Haus passiert. Es war an einem Mittwoch – draußen zog ein Gewitter über die Stadt und ein Wind blies durch die Halle, in der wir zu diesem Zeitpunkt Kabel verlegten. Die Plastikplanen raschelten die ganze Zeit und die Lampen flackerten jedes Mal, wenn ich durch die Fenster Blitze über den finsteren Himmel zucken sah, begleitet von lautem Donnergrollen. Pünktlich wie jeden Tag machten wir dann endlich Schluss, worüber ich an diesem Tag sehr froh war – die Atmosphäre in dem riesigen Saal wurde nämlich irgendwie immer gruseliger. Wir liefen zu fünft durch den prasselnden Regen zu den Autos, als ich feststellte, dass ich mein Handy drinnen liegengelassen hatte. Verärgert über meine Vergesslichkeit rannte ich zurück und betrat klitschnass den mittlerweile menschenleeren Raum, in dem mein Telefon auf einem der Farbkübel liegen musste. Noch während ich mich suchend umsah, ertönte plötzlich ein Klicken, auf das ein Surren folgte, das sich anhörte wie der Motor des alten Filmvorführgeräts, das mein Opa besaß. Ich muss an dieser Stelle einwerfen, dass ich nicht wusste, was sich früher an dieser Stelle in dem Gebäude befunden hatte, sonst wäre die Assoziation mit dem Film wohl sehr offensichtlich gewesen. Irritiert sah ich mich um, konnte aber nichts Ungewöhnliches feststellen. Da entdeckte ich mein Handy und beugte mich hinunter, um es an mich zu nehmen, als plötzlich leise Musik erklang. Vor Schreck ließ ich mein Handy fallen und presste mich mit dem Rücken gegen einen Stapel Holzpaletten. Und da sah ich es: Mir gegenüber flimmerten schwarze Gestalten mit eckigen Bewegungen über die weiße Wand, und im Raum selbst schwebten rund zwanzig Personen tanzend über das Parkett. Ich hörte das Surren, ein helles Lachen und ein merkwürdiges Schleifen, als würde ein schwerer Stoff über den Boden gezogen. Ich sackte zusammen und begann zu zittern, wusste nicht, wie ich reagieren und was ich tun sollte. Als dann auch noch etwas neben mir zu flüstern begann, obwohl niemand zu sehen war, und mich ein kalter Hauch am Ohr kitzelte, sprang ich panisch auf, schnappte mir mein Handy und rannte aus dem Saal direkt in die Arme meines Arbeitskollegen Gerhard. Er fragte mich, wo ich so lang geblieben sei, die anderen wollten endlich losfahren. Ich stotterte, ich hätte mein Handy nicht gefunden, und zerrte Gerhard an seinem T-Shirt nach draußen. Nach diesem Erlebnis hätte ich am liebsten gekündigt, hab' mich den Rest der Woche krank gemeldet und wäre fast durchgedreht. Erst nach einem Gespräch mit meinem Opa, der mir erklärte, dass sich die Zeit hin und wieder relativiert und man in diesem Moment einen Blick in die Vergangenheit werfen kann, ging es mir besser.

Ich bin dann auch wieder auf die Baustelle gegangen und habe stets darauf geachtet, mich dort nie alleine aufzuhalten. Das hat geklappt – es war dort nie wieder irgendetwas Außergewöhnliches zu sehen oder zu hören.«

Salzkammergut: Mondsee

Ein blaues Kind, nasse Gestalten und ein pfeilschneller Troll

Der Mondsee im Salzkammergut, dessen Südufer die Grenze zwischen Oberösterreich und Salzburg bildet, liegt westlich vom Attersee und nördlich vom Wolfgangsee (früher Abersee genannt), ist elf Kilometer lang, maximal anderthalb Kilometer breit und umfasst eine Fläche von etwa 14 Quadratkilometern. Mehr als 70 Prozent seines Wassers kommen aus den Zuflüssen Fuschler Ache, Zeller Ache und Wangauer Ache, entwässert wird über die Seeache in den circa zwölf Meter tiefer gelegenen Attersee.

Im Mondsee tummeln sich Hechte, See-, Bach- und

Regenbogenforellen, Seesaiblinge, Reinanken, Aale, Karpfen, Aalrutten, Barsche und Weißfische.

Seinen Namen hat der Mondsee von dem alten Adelsgeschlecht der »Mannsees«, aus dessen Name im Laufe der Zeit »Mondsee« als Bezeichnung für das Gewässer wurde, auch wenn eine Legende etwas anderes berichtet:

Im 8. Jahrhundert ritt Herzog Odilo II. von Bayern, der dem Geschlecht der Agilolfinger entstammte, bei finsterer Nacht an der Rückseite der Drachenwand entlang und wäre beinahe in den See gestürzt, wenn er nicht gerade noch rechtzeitig den Mond gesehen hätte, der sich in dem Gewässer unter ihm gespiegelt hat.

Eine weitere Legende wird noch heute in der Region erzählt, sobald Fischer behaupten (und das tun sie immer wieder), sie hätten tief unten im Mondsee die Zinnen einer Burg gesehen und ein Johlen und Gröhlen aus der Tiefe vernommen:

Einst stand dort, wo sich heute das Gewässer befindet, ein Dorf, und in dessen Mitte auf der Erhebung »Leidingerhügel« (vom Markt aus gesehen im ersten Drittel) befand sich eine Burg. Dort hausten grausame Ritter, die niemals die Kirche besuchten und die die Bewohner des Ortes, gottesfürchtige und fleißige Bauern, schindeten und unterdrückten. Eines Sonntagnachts erschien dem Pfarrer im Traum die Gottesmutter und warnte ihn vor den Wassermassen, die schon bald das Dorf überfluten würden. Er solle sich und das Bauernvolk in

Sicherheit bringen, was er auch tat, sodass die Menschen mit dem Vieh und all ihren Habseligkeiten auf einen höher gelegenen Platz umsiedelten. Die Ritter aber, die in der Burg gefeiert hatten, bekamen davon nichts mit und wurden erst unruhig, als ein Unwetter aufzog, überall Wasser hervorquoll und sich das Talbecken in rascher Geschwindigkeit zu füllen begann. Die Ritter schafften es nicht mehr, die Festung rechtzeitig zu verlassen und ertranken. Am nächsten Morgen breitete sich dort, wo einst das Dorf stand, ein großer See aus, der wegen seiner Form den Namen »Mondsee« erhielt.

(Quelle: Beide Legenden aus: »Wundersames Mondseeland: Sagen, Legenden, Erzählungen für Kinder und Erwachsene aus dem Mondseeland und seiner Umgebung bis St. Wolfgang mit begleitenden Texten aus Geschichte und Naturgeschichte«, neu erzählt von Anton Reisinger, Museum Mondseeland, Verlag omnipublica 2006.)

In den Tiefen des Gewässers fanden sich tatsächlich Spuren menschlicher Existenz. Im Jahr 1870 wurden Fragmente von Pfahlbauten aus der Jungsteinzeit, die man im Salzkammergut und in angrenzenden Regionen auf etwa 3800 bis 3300 v. Chr. datiert, im Mondsee entdeckt. Der Fund dieser Mondseekultur ist dem Archäologen Matthäus Much zu verdanken. Neben den Siedlungsspuren fand man auch Gebrauchsgut wie Keramik – graue birnenförmige Henkelkrüge und doppelkonische Becher mit weißen Ornamenten – sowie Kupfergegenstände und Steinschmuck. Diese Überreste aus früheren Zeiten, die die Anthropologen Franz und Josef Weninger im Jahr 1927 der Öffentlichkeit zugänglich machten, vermitteln anschaulich, wie die Menschen damals lebten. Sie ernährten sich unter anderem von selbst angebautem Getreide, Äpfeln und Fleisch. Aus den Knochen der erbeuteten Tiere und aus Steinen fertigten sie Waffen und Werkzeuge an, und ihre Häuser standen auf waagerecht verlegten Balken, waren mit Flechtwerkwänden versehen und mit Lehm verputzt.

Ebenfalls aus jener Zeit stammt das »Holzobjekt von Scharfling«, das 1972 am Ufer des Mondsees auf oberösterreichischer Seite entdeckt wurde. Es handelt sich dabei um ein Gabelholz mit einer Länge von 87,5 Zentimetern, dessen Funktion unbekannt ist. Ausgelöscht haben könnte die Siedlung am Mondsee ein Bergsturz (heute Schüttung zwischen Mondsee und Attersee), bei dem gigantische Mengen

Geröll und Gestein in den Mondsee und in den Attersee hinabrutschten, wodurch vermutlich der Seespiegel um mehrere Meter angestiegen war und die Bauten der damals dort lebenden Menschen überflutet wurden (Binnentsunami). Erst etwa ein Jahrtausend später (Frühbronzezeit) siedelten sich wieder Menschen in dieser Gegend an.

Der Mondsee, zuvor stets im Besitz diverser Adeliger – so etwa seit Anfang des 16. Jahrhunderts in Kaiser Maximilians I. Besitz – ist seit Beginn des 19. Jahrhunderts Privateigentum. Der aktuelle Wert des Gewässers beträgt schätzungsweise 16 Millionen Euro. Die derzeitige Inhaberin, Nicolette Waechter, bewohnte in ihrer Kindheit mit ihren Eltern und den beiden jüngeren Brüdern einen Seitentrakt des Schlosshotels Mondsee (Schlosshof 1a) in der gleichnamigen Ortschaft an der Nordseite des Sees, das damals der Familie gehörte. Bei diesem Prunkbau handelt es sich um ein ehemaliges Benediktinerstift, eines der ältesten in Österreich.

Jener Adelige, der angeblich verantwortlich ist für die Bezeichnung »Mondsee«, Bayernherzog Odilo, hat das Kloster im Jahr 748 n. Chr. gegründet und die ersten Mönche aus Italien ins Salzkammergut geholt. 1791 wurde das Kloster im Zuge der Josephinischen Kirchenreform unter Kaiser Leopold II. aufgehoben. Nach einer Beschlagnahmung im Jahr 1809 durch Napoleon Bonaparte ging das Gebäude in Privatbesitz über. 1972 erbte das Schloss, dessen heutiges Erscheinungsbild aus dem späten 18. Jahrhundert stammt, Nicolette Waechter, die es 1985 an eine Firma verkaufte, die wiederum große Teile davon kurze Zeit später an die Gemeinde veräußerte.

Der Hauptbau des Schlosses wird als Hotel genutzt, das unter anderem mit dem Slogan »Der einmalige Kraftort im Seengebiet« wirbt. In anderen Teilen des Baus befinden sich zahlreiche Geschäfte, ein Heimatmuseum, das Standesamt und das Pfarramt Mondsee, im Obergeschoss liegen Wohn- und Büroräume. Die ehemalige Klosterkirche, St. Michael (Kirchengasse 1), die Ende des 15. Jahrhunderts errichtet wurde, dient dem Ort heute als Pfarrkirche. In das Gotteshaus integriert sind die ehemalige Schatzkammer des Benediktinerstifts (jetzt Sakristei), der Betchor der Mönche und die Klosterbibliothek.

Von dem Schloss aus soll in früheren Zeiten ein unterirdischer Tunnel ins Freie geführt haben, der am Hügel Hilfberg endet. Dort haust angeblich ein ständig in der Erde buddelndes, buckliges Wesen, das sich nur selten ins Freie hinauswagt und sofort wieder im Eingang des Tunnels verschwindet, wenn es von einem Menschen erblickt wird.

Das Schloss selbst verfügt, laut Erzählungen, über einen eigenen Hausgeist, der im Geisterzimmer, das sich über der ehemaligen Kapelle mit Mönchsgruft befindet, sein Unwesen treiben soll.

Zu einem Gnadenbild nahe dem Schloss in der Kirche Maria Hilf, die man von der ehemaligen Klosterkirche in Mondsee in östlicher Richtung über eine steile Straße bergauf erreicht (einige Gehminuten vom Marktplatz entfernt), gibt es eine wundersame Legende:

Das Gnadenbild der Gottesmutter in dem kleinen Gotteshaus, das sich auf einem Hügel nahe der ehemaligen Klosterkirche befindet, soll von einem Kind in einem Brunnen entdeckt und von den Ortsbewohnern erstaunlicherweise völlig trocken geborgen worden sein. Das Gemälde wurde in die Wohnung des Bauern Franz Göbl gebracht, aus der es mehrmals auf unerklärliche Art verschwand. Es »wanderte« immer wieder in die Kirche auf den Berg, wo es letztendlich blieb und vor dem Altar aufgestellt wurde.

Tatsächlich wurde das Gnadenbild im Jahre 1660 von dem Abt Cölestin Kolb zur öffentlichen Verehrung in die Ulrichskapelle beim Friedhof am Mondsee gebracht. Es handelt sich um die Kopie eines Maria-Hilf-Gemäldes des Künstlers Lucas Cranach d. Ä., das sich heute im Innsbrucker Dom befindet. Rasch entwickelte sich der Ort durch dieses Bild, das angeblich Wunder bewirken konnte, zu einem Wallfahrtsort, weshalb dort 1706 eine größere Kapelle in barockem Stil und später die heutige Kirche Maria Hilf errichtet wurde. Das Gnadenbild hängt im Gotteshaus in der Mitte des Untergeschosses von dem Altar in einem verglasten Schrein.

Eine fromme Frau aus St. Lorenz mit einer besonderen Beziehung zu der Kirche, die 82-jährige Helene Pribill, berichtet von ihren Sichtungen:

»Ich wandere seit mittlerweile mehr als vierzig Jahren mindestens einmal im Monat zur Kirche auf den Berg, der Aufenthalt dort hat mir immer Kraft und Trost gespendet – auch in der Zeit, als zuerst mein Mann, dann mein Sohn und danach auch noch meine Tochter verstarben. All die schweren Schicksalsschläge, die ich bereits hinnehmen musste, haben mich jedoch nie an meinem Glauben zweifeln lassen, denn ich weiß, dass es sich dabei um Prüfungen handelt, die Gott uns auferlegt. Nun ist die Kirche Maria Hilf ja auch ein Wallfahrtsort, und man würde vielleicht erwarten, dass mir dort die Heilige Mutter Maria begegnet. Tatsächlich springt mir jedoch aus dem Schrein am Altar immer wieder ein kleiner Junge entgegen, der nicht von dieser Welt sein kann. Er ist in ein strahlendes blaues Licht gehüllt und tanzt meist um mich herum, wenn ich die Kirche betrete. Zuerst dachte ich, es handle sich um meinen toten Sohn, doch das ist nicht der Fall. Das Kind steigt einfach aus dem Gnadenbild, wobei immer ein leises Knistern zu hören ist und mein Körper zu kribbeln beginnt, als würde ich einen ganz leichten Stromschlag bekommen. Dann steht es vor mir und lacht, danach beginnt es, im Kreis zu hopsen. Das erste Mal habe ich den Jungen im Jahr 1995 gesehen, damals war ich schon ganz alleine auf der Welt und hatte mit meinem Leben abgeschlossen. Als er plötzlich aus dem Schrein kletterte und mich fröhlich anstrahlte, bin ich hingefallen und war etwa zwanzig Minuten lang bewusstlos. Da sich niemand sonst in der Kirche befand, ist mein Schwächeanfall unbemerkt geblieben. Als ich den Kopf hob, stand der Knabe neben mir und hielt seine Hand über meine Stirn, ohne mich dabei zu berühren. Mir wurde schlagartig total heiß und ich spürte eine kraftvolle Schwingung durch meinen Körper fließen. Dann verschwand das Kind wieder in dem Bild und tauchte an diesem Tag nicht mehr auf, obwohl ich drei Stunden wartete. Doch ich war zuversichtlich, dass ich den Jungen wiedersehen würde – und so war es dann ja auch. Er erscheint jedes Mal, wenn ich in der Kirche bin, und schenkt mir positive Energie und Lebensfreude.«

Neugierig auf den blauen Geist bin ich mit der alten Dame zur Kirche Maria Hilf gewandert, doch der Junge ist leider nicht aufgetaucht. Auch Helene hat ihn an diesem Tag nicht gesehen und mutmaßte, dass er sich in meiner Gegenwart nicht zeigen wolle.

Eine der markantesten Stellen am Mondsee ist die etwa ein Kilometer lange Drachenwand am Westufer des Mondsees (zu erreichen von St. Lorenz ausgehend über den Wanderweg 12 a), die aus brüchigem Wettersteinkalk besteht und daher eine echte Herausforderung für Bergsteiger darstellt. Es handelt sich dabei um einen Felsen mit einer Maximalhöhe von 1 176 Metern, an der Südseite bewaldet und flach, nach Norden hin stolze 700 Meter beinahe senkrecht emporragend, der als beliebtes Ausflugsziel für Wanderer gilt. Auf seinem Kamm verläuft die Grenze zwischen Salzburg und Oberösterreich.

Entstanden ist die Drachenwand vor etwa 100 bis fünf Millionen Jahren durch tektonische Kräfte bei der Gebirgsbildung. In ihrem Inneren liegen die Klausbachhöhle – mit der Drachenhalle, deren See die Karstquelle am fast 25 Meter breiten Portal der Grotte speist – und ein Stück nördlich davon das Nixloch. Das Nixloch ist eine rund 50 Meter lange Höhle mit Gängen, die teilweise verschüttet sind. Laut Legende gibt es dort einen Schatz, der von Geisterjungfrauen, den »Nixen«, bewacht wird. Tatsächlich stammt der Name von der Bergmilch (eine auch »Nix« genannte erdige Kalkverbindung), die im Mittelalter im Nixloch abgebaut wurde.

Die Drachenwand weist unterhalb des Grates eine seltene Eigentümlichkeit auf. Dort befindet sich nämlich ein großes »Fenster«, das aus dem Bergrücken eine schmale Brücke werden lässt – das Drachenloch. Dieses ist ein sogenanntes Sonnenloch, durch das die Sonne an bestimmten Tagen ihre Strahlen an bestimmte Stellen im Tal auf den Ort St. Lorenz wirft, die aus diesem Grund als Kultplätze und Kraftorte gelten. An einer solchen Stelle steht die Laurentiuskirche.

Seinen Namen verdankt das Drachenloch, wie könnte es auch anders sein, einer Sage:

Angeblich hat einst eine Pfarrersköchin heimlich Rahm von der Milch abgeschöpft und ihrem Dienstherrn verwässerte Milch serviert. Als sie daraufhin der Teufel holte, hat sich die Frau so lautstark über ihre Strafe beklagt und auf dem Weg in die Unterwelt derart heftig gezetert, dass der Teufelsfürst mit seinem Wagen vom Kurs abkam und in die Felswand krachte. Das so entstandene Loch wird seither Drachenloch genannt.

Der Teufel soll sich auch heute noch bisweilen als Fischer gekleidet auf dem Mondsee nahe der Drachenwand aufhalten. In Gestalt eines ungewöhnlich großen, kohlschwarz gekleideten Mannes gleitet er mit einem Einbaum, der nur eine Wand hat und trotzdem nicht untergeht, über den See.

Und es gibt noch eine Legende:

Ein Drache, der in der Wand am Mondsee hauste, verliebte sich eines Tages in die Pfarrersköchin (andere Quellen sprechen von einer beliebigen Jungfrau), *doch diese war wiederum ihrem Dienstherrn zugetan und ignorierte die Zuneigung des Fabelwesens. Verzweifelt beschloss das Tier, seine Liebste zu entführen, packte sie eines Tages auf dem Mondseer Marktplatz, wo die Köchin trotz eines strengen Fastentages an einer Tanzveranstaltung teilnahm, erhob sich mit ihr in die Lüfte und flog davon. Doch die gute Frau war etwas schwerer, als der Drache vermutet hatte, daher sackte er über der Felswand ab, woraufhin die beiden gegen den Berg prallten und ein Loch hineinrissen.*

In einer Ausgabe des Salzachkreisblattes aus dem Jahr 1812 heißt es dazu:

Dieses Mährchen war in ganz Baiern und Österreich bekannt; denn die dorther häufig nach St. Wolfgang vorbeireisenden Wallfahrer erzählten sich selbes einander ganz gewissenhaft, und wer dieß nicht weiß, ist nie auf dem Mondsee gefahren!!

Zusammen mit dem Attersee und dem Wolfgangsee bildet der Mondsee einen Dreiviertelkreis, in dessen Zentrum sich der 1 782 Meter hohe Schafberg, der Mittersee und der Mönichsee befinden. Aufgrund ihrer Lage gelten diese drei Regionen als Kraftorte. Mondsee, Schafberg und Wolfgangsee wiederum bilden laut Geomantie ein Holon (ein Ganzes, das Teil eines anderen Ganzen ist), womit dieser Bereich ebenfalls als energetisch interessant angesehen werden kann. Darüber hinaus sollen sich weitere magische Plätze und heilbringende Stollen in diesem Gebiet um den Mondsee befinden.

Am Schafberg, der 1807 von Erzherzog Rainer bestiegen wurde, existiert eine Felsspalte mit der Bezeichnung »Himmelspforte«, die mittels Holztafel mit entsprechender Inschrift gekennzeichnet ist. Am Fuße dieser Erhöhung (erreichbar von der Drachenwand ausgehend über die B 154, die Mondseestraße, die B 158, die Wolfgangseer Straße, danach weiter auf dem Eibenseeweg) gibt es einen Glücksplatz, der sich nahe dem Südufer befindet: der Wasserfall Kreuzstein. Seinen Namen verdankt dieser idyllische Platz einem Kruzifix auf einem Stein am südlichen Gewässerrand, nahe der dem Schafberg vorgelagerten Kienbergwand. An dieser Stelle versammeln sich laut einigen Einheimischen nachts die im Mondsee Ertrunkenen und beklagen gemeinsam ihr Schicksal. Die nassen Gestalten sollen manchmal auch an Land gehen, da immer wieder vereinzelt riesige Lachen am Ufer des Sees zu sehen seien, selbst wenn es tagelang nicht geregnet hat.

»Einer davon«, so wurde mir von einer 92-jährigen Einheimischen berichtet, »ist der Johann Wolfsgruber, ein Urahn von mir, der elendig ersoffen ist im dunklen See, als er die Gäule seines Herren gewaschen hat.«

Tatsächlich existiert dazu ein Zeitungsartikel, in dem zu lesen ist:

Vor einigen Tagen ist Johann Wolfsgruber, als Knecht zu Unterach bedienstet, beim Pferdeschwemmen im Mondsee ertrunken.

(Quelle: Linzer Tagespost, 20. Juni 1868)

Der Schafberg wird auch als Teufelsabbiss bezeichnet, da laut Legende der Höllenfürst einst ein Stück vom Untersberg abbiss und den Fels durch die Lüfte trug, ehe er ihn beim ersten Hahnenkrähen fallen lassen musste – und dieser riesige Gesteinsbrocken, der dabei ins Tal stürzte, ist der Schafberg.

Und noch eine weitere Sage ist bekannt:

Nachdem der Teufel der Seele eines fromm gewordenen Einsiedlers aus St. Wolfgang nicht mehr habhaft werden konnte, der zum Dank genau dafür eine Kirche erbaute, passierte Folgendes:

Satan aber fuhr mit entsetzlichem Ingrimm und Geheul von dannen auf den Schafberg. Er riss im Hinfahren ganze Waldungen nieder und stürzte ungeheure Felsenstücke hinab auf St. Wolfgang. Um den heiligen Einsiedler zu verspotten, wollte nun auch er, auf dem Gipfel des Schafberges, ein Gotteshaus erbauen, was ihm aber nicht gelang. Man kann noch heute das schwarze Gewölbe dieser Teufelskirche sehen. Oft ist dort um Mitternacht ein schreckliches Geheule zu hören und blutrote Lichter sind zu sehen, die in der Höhle glühen. Weil aus dem Bau nichts geworden war, riss der Höllenfürst den Schafberg in der Mitte entzwei und schleuderte die Trümmer in großer Wut ins Tal, wo sie heute noch liegen.

Der Teufel macht die Gegend um Drachenwand und Schafberg heute zwar nicht mehr unsicher, dafür wird in beiden Regionen immer wieder ein Troll gesichtet – vorwiegend am Drachenloch und an der Himmelpforte.

Die Geschwister Renate und Georg aus Wien, 27 und 33 Jahre alt und von Beruf Webdesigner, erzählten mir von ihrem Erlebnis beim Aufenthalt am Mondsee 2012.

»Wir sind beide sehr sportlich und aktiv und wandern gerne, auch im Urlaub, den wir häufig gemeinsam verbringen, da wir beide beruflich sehr eingespannt sind und momentan keine Zeit für Partner oder Familie haben.

Im Sommer 2012 waren wir zu Besuch bei Freunden und verbrachten eine Woche im Salzkammergut. Da unsere Gastgeber tagsüber arbeiten mussten, beschlossen wir, neben den üblichen Joggingrunden die Gegend auch wandernd zu erkunden, und wir sind überall herumgeklettert, wo uns die Einheimischen hinschickten, als wir sie um Empfehlungen baten. Einmal haben wir in einem Kaffeehaus von ein paar jungen Leuten den Tipp erhalten, das Drachenloch zu erklimmen, woraufhin ein älterer Herr gemeint hat: ›Dann nehmt's euch aber vor dem Troll in Acht.‹ Wir haben das natürlich nicht ernst genommen … Hätten wir aber sollen, wie sich später herausstellte. Jedenfalls sind wir zu dem Drachenloch hinaufgestiegen und haben uns an dem traumhaften Ausblick erfreut. Doch als wir ein wenig rasten wollten, sauste etwas an uns vorbei. Wir dachten natürlich an ein Tier, obwohl wir uns fragten, welches Lebewesen so schnell laufen konnte. Kaum hatten wir darüber gesprochen, lief die kleine Gestalt, die uns etwa bis zu den Knien reichte und plötzlich auch etwas langsamer unterwegs war, vor uns über den Weg. Dann sprang sie in die Höhe und landete neben uns in einem Gebüsch, in dem es daraufhin laut raschelte. Ratlos sahen wir uns an, als dieses Wesen gleich darauf pfeilschnell zwischen unseren Beinen durchsauste und uns dabei schmerzhaft anrempelte. Wir taumelten und verloren dabei beinahe den Halt. Daraufhin beschlossen wir, leicht panisch, zu verschwinden und machten uns auch sofort auf den Weg.«

Renate berichtete mir weiter, sie und ihr Bruder hätten beide am nächsten Tag winzige blaue Flecke an ihren Schienbeinen entdeckt. Sie waren noch insgesamt drei Mal während dieses Urlaubs in dem Kaffeehaus, in dem sie der alte Mann vor dem Troll gewarnt hatte, um noch mehr von ihm zu erfahren, sind ihm jedoch nicht mehr begegnet. Die Kellnerin aus dem Lokal gestand ihnen nach längerer Unterhaltung, dass sie sich vor diesem Gast, der manchmal zum Teetrinken komme, ängstige. Angeblich sei er einmal spät abends aufgestanden und – trotz seines hohen Alters und der bei anderen Gelegenheiten immer wieder demonstrierten Schwierigkeiten beim Gehen – wie ein Blitz davongezischt und innerhalb weniger Sekunden aus ihrem Blickfeld verschwunden.

Vöcklamarkt: Schloss Walchen

Die irre Gräfin Gurland

Auf einem flachen Hügel in der Ortschaft Walchen im Alpenvorland des Salzkammerguts stehen auf engstem Raum zwei Anlagen: das heutige wunderschöne Renaissanceschloss und der altersgraue, halb verfallene Turm der ehemaligen Burg, die erstmals im Schaunberger Urbar von 1371 namentlich erwähnt wurde.

Als Edelhof geführt, gehörte das Bauwerk damals zur Herrschaft Kammer, die sich im Besitz der Schaunberger befand. Bewirtschaftet haben ihn die Herren von Walhen, deren Geschlecht bereits im Jahre 1040 in Urkunden aufscheint.

Nach der Entmachtung der Schaunberger ging Walchen mit Kammer an den Landesfürsten über, der sie 1380 wieder einem von Walhen, Ulrich, als Lehen überließ. Später ging die Festung in den Besitz der Familie über, die sich zu dem Zeitpunkt bereits Walchen nannte und die hier bis 1524 blieb. Der nächste Besitzer hieß Hanns Putz, dessen Familie 1578 des Landesverrates beschuldigt wurde, weshalb die Burg verkauft werden musste. Dann kam 1583 Hans Christoph Geymann, der das alte Gemäuer 1590 abreißen und unter Verwendung des noch brauchbaren Baumaterials das heutige Renaissanceschloss errichten ließ. Etwa zu dieser Zeit dürfte die evangelische Kapelle angelegt worden sein, die man erst im Zuge einiger Renovierungsarbeiten um 1965 entdeckte und bis dahin als Kohlelager verwendet hatte. Zur selben Zeit fand man auch in der Bibliothek im zweiten Stock unter dem beschädigten Stuckplafond eine Holzdecke mit gemalter Kassettierung.

Wegen ihres lutherischen Glaubens mussten die Geymanns 1632 Walchen jedoch verlassen.

Im selben Jahr gingen Schloss und Herrschaft an Franz Christoph Khevenhüller, der aber bereits wenige Jahre später, nämlich 1638, an den kaiserlichen Schatzmeister Nikolaus von Gurland verkaufte.

Zwei Generationen später erbte den Besitz Johannes Anton von Gurland, der Juliana Dorothea Josepha Gräfin von Schallenberg ehelichte, obwohl er mit ihr verwandt war.

Dazu existiert folgende (unbeglaubigte) Urkunde in einer Abschrift aus dem 18. Jahrhundert, die im Landesarchiv Oberösterreich zu finden ist:

1708 XI 13 Rom, St. Maria Maggiore

Papst Clemens XI. gewährt Johannes Anton von Gurlandt und Juliana Dorothea Josepha von Schallenberg wegen zu naher Verwandtschaft (2. Grad) einen Ehedispens.

Im Jahr 1736 musste Juliana Dorothea Josepha Gräfin von Gurland miterleben, wie neben der gesamten Dorfbevölkerung von Walchen auch ihr Mann Johannes Anton und die gemeinsamen fünf Kinder, Maria Rosa, Maria Antonia, Maria Joanna, Maximilian Adam Ernst und Franz Raymund innerhalb einer Woche einer tödlichen Krankheit zum Opfer fielen. Es könnte sich dabei um einen letzten regionalen Ausbruch der Pest in Österreich gehandelt haben, den die Gräfin als Einzige überlebte. Es existieren allerdings keine historischen Quellen über das Auftreten der Epidemie zu dieser Zeit. Die Gräfin jedenfalls soll daraufhin wahnsinnig geworden sein und ihre letzten 13 Lebensjahre in geistiger Umnachtung auf Schloss Walchen verbracht haben.
In der Region erzählt man sich:

Als die Gräfin die Nachricht erhielt, dass vermutlich die Pest nach 20 Jahren erneut in der Region wütete, schien sie nicht überrascht, denn sie hatte den Ausbruch der Epidemie und den Tod vieler Menschen vorhergesehen. Innerhalb weniger Tage verstarben ihr Mann und ihre fünf Kinder, außerdem das gesamte Gesinde auf dem Schloss. Auch die gesamte Bevölkerung von Walchen wurde dahingerafft. Nur die Gräfin selbst überlebte als Einzige die Katastrophe. Doch aufgrund des Verlustes ihrer Familie soll sie wahnsinnig geworden sein. Es wird berichtet, dass sie das Schloss nicht mehr verließ, Tag und Nacht einsam durch die leeren Räume wanderte und den Tod der geliebten Menschen betrauerte, bis sie 13 Jahre später einsam und vor Gram total ausgezehrt verstarb. Und heute geistert Juliana Dorothea Josepha Gräfin von Gurland als »Weiße Frau« durch das Schloss, sie wurde durch die Jahrhunderte immer wieder gesehen. Allerdings scheint sie weder Trauer, Wut oder Wahnsinn zu verbreiten, auch nicht, wie in einigen Legenden geschrieben, mit ihrem Erscheinen Unglück anzukündigen, sondern die Bewohner des Schlosses und deren Gäste zu hüten und zu beschützen.

Nach ihrem Tod im Jahr 1749 erbte ihr Neffe, der Freimaurer Leopold Christoph Graf Schallenberg, die Herrschaft, verkaufte sie 1766 jedoch an Johann Gottlieb Graf Clam. Zwischen 1750 und 1770 ist wahrscheinlich die katholische Rokokokapelle im Parterre des Ostflügels entstanden, ein zweigeschossiger Saal mit spätgotischen Glasfenstern.

Danach folgten mehrere Veräußerungen, bis das Anwesen schließlich im Eigentum des bayrischen Freiherrn Christoph von Aretin landete. Dieser schrieb es 1814 zur Verlosung aus. Der Gewinner war Josef Maria Freiherr von Weichs. Dessen Familie, die 1822 die – immer noch bestehende – wunderschöne Lindenallee pflanzen ließ, blieb bis 1881 im Besitz des Schlosses.

Danach folgte ein rascher Wechsel der Schlossherren, zu denen Georg Ritter von Aichingen, Felix Freiherr von Than-Dittner, Anton Gartner-Romansbruck und Prinz Albrecht zu Schaumburg-Lippe zählten.

1959 wurde Frau Dr. Pauline Hanreich, die Großtante der derzeitigen Besitzerin, neue Eigentümerin des Schlosses. Sie nahm sich des bereits stark vernachlässigten Gebäudes an, ließ es restaurieren und wohnlich gestalten. Im ehemaligen Meierhof sowie in Teilen des Parks wurde 1979 ein Kinderwelt-Museum eingerichtet.

Dr. Pauline Hanreich übergab das Schloss 1986 an ihre Tochter, Dr. Eugenie Hanreich, diese vererbte es nach ihrem Tod im Jahre 2004 ihrem einzigen Kind, der damals 21-jährigen Friedrun.

Eugenie Hanreich hat die Anwesenheit der Gräfin Gurland gespürt, wie sie mehrfach kundtat, und ihre Freundin, eine ehemalige Mieterin, behauptete sogar, sie gesehen zu haben (siehe dazu das Interview im Buch »Geisterschlösser in Österreich: Spuk hinter herrschaftlichen Mauern – Augenzeugen berichten«, von Christof Bieberger, Alexandra Gruber, Gabriele Hasmann und Johannes Herberstein, Ueberreuter Verlag, Wien 2004).

Aufzeichnungen aus früheren Zeiten über Sichtungen der »Weißen Frau« existieren nicht. Das verwundert jedoch kaum, da das Schloss sehr oft den Besitzer wechselte und häufiger verkauft als vererbt wurde, wodurch keine Traditionen und Überlieferungen entstehen konnten. Außerdem ist das Schlossarchiv schon vor vielen Jahren abgebrannt.

Doch die Geschichte der Juliana Dorothea Josepha Gräfin von Gurland kennt beinahe jeder Bewohner in Walchen und Umgebung, sie wird mündlich von Generation zu Generation weitergetragen, sodass die Adelige immer ein Teil des Schlosses sein wird.

Ob es nun einen Geist in Gestalt einer irren Gräfin im Schloss gibt oder nicht, wollten API (Austria Paranormal Investigators) unter der Leitung von Ursula Hepp, Krankenpflegerin, in Erfahrung bringen und machten sich deshalb im Juni 2007 auf den Weg nach Walchen in der Gemeinde Vöcklamarkt.

»Ich hatte nicht wirklich sehr viele Informationen, kannte nur die Geschichte von der Gurland, habe auch gehört, dass bei der alten Buche im Garten ständig Schritte zu vernehmen sind und dass es außerdem in der Bibliothek und in einem der Schlafzimmer spuken soll«, so Ursula Hepp.

Als sie, Tina, Daniel, Jürgen und Günther an einem warmen Abend gegen 19 Uhr in Walchen eintrafen, wurden sie von Friedrun Hanreichs Onkel, Hofrat i. R. Dipl.-Ing. Georg Hanreich, in Empfang genommen. Er entschuldigte seine Nichte und bot sich an, den Gästen alles zu zeigen. Er führte sie durch die Räume, machte allerdings keinen Hehl aus seiner Skepsis gegenüber der geplanten paranormalen Untersuchung und belächelte die Fragen nach entsprechenden Sichtungen. Doch letztendlich wies er im Nebengebäude auf ein Zimmer im ersten Stock hin, in dem die Weiße Frau spuken soll, ebenso wie in einem kleinen Gang vor einem Schlafzimmer. Während der Mann erzählte, entdeckte Tina ein weiteres Schlafgemach, vorwiegend in Rot gehalten, mit einer alten Porzellanpuppe auf einem Schaukelstuhl.

»Es war, als würde uns diese seltsame, hässliche Puppe

mit ihren Augen verfolgen, vor der hat uns die ganze Nacht lang am meisten gegruselt!«, erzählten sie hinterher.

Nach der Führung verließ Herr Hanreich das Schloss und die API-Gruppe beschloss, sofort die Kameras aufzustellen. Sie platzierten eine in das Zimmer im Nebengebäude, eine in der Bibliothek, eine weitere in dem roten Schlafzimmer und die letzte in dem kleinen Gang, auf dem die Gräfin auch gesehen worden sein soll.

»Ich wollte dann auf dem schnellsten Weg zu der Buche, denn nur ich kannte diese Geschichte und ich war gespannt darauf, ob wir etwas hören würden. Vor allem die anderen, denn die waren ja unbelastet in der Sache«, erzählte Ursula Hepp.

Doch zuerst musste Ursula, genannt Uschi, im Nebengebäude die Kamera installieren und mit dem Laptop koppeln, was länger dauerte als erwartet, während sich Tina, Daniel und Günther auf den Weg in den Garten machten. Sie hatten nur die Information, dass dort ein 400 Jahre alter Baum steht, den angeblich starke Energien umgeben.

Schon kurze Zeit später kamen sie zurück und erstatteten Uschi Bericht, dass sie alle drei Schritte auf dem Schotterweg rund um die Buche gehört hatten, von mehreren Richtungen kommend und dann wieder auseinanderlaufend. Es hätten sich sogar die Blätter auf dem Boden so eigenartig bewegt, als würde jemand darauf gehen.

Mittlerweile war es 23 Uhr, und Uschi hatte die Kamera zum Laufen gebracht. Sie beschloss, in diesem Raum Wache zu halten, während Daniel in die Bibliothek ging, Jürgen sich in das rote Schlafzimmer setzte und Tina und Günther wieder zurück zum Baum gingen. Sie hatten vereinbart, sich alle zwei Stunden später beim Auto zu treffen, um einander zu berichten, was sie herausgefunden hatten.

Uschi war als Erste am Treffpunkt und zündete sich eine Zigarette an, als sie auf einmal ein Knirschen vernahm. Sie drehte sich um in der Erwartung, dass einer der anderen sich näherte, doch es war niemand zu sehen. Uschi lief zu dem alten Baum, der ganz in ihrer Nähe stand, und erzählte Tina und Günther von ihrer Wahrnehmung. Die beiden nickten wissend, sie hatten das Knirschen zwei Stunden lang anhören müssen, ohne eine natürliche Erklärung dafür zu finden.

Zu dritt gingen sie zum Auto, wo die anderen beiden bereits auf sie warteten. Jürgen erzählte, dass in dem roten Schlafzimmer die Klinge hinuntergedrückt worden und die Tür von alleine aufgegangen war. Daniel konnte nichts berichten, in der Bibliothek hatte sich nichts getan. Zu viert gingen sie dann durch den Garten, bis sie auf einer Wiese hinter dem Haus auf ein Grab stießen.

»Das war komisch, da gab's überhaupt keine Inschrift. Keine Ahnung, wer dort liegt. Die Energie dort war nicht besonders toll.«

Günther war in der Zwischenzeit hinauf in den ersten Stock gegangen, um im roten Schlafzimmer den Akku der Kamera aufzuladen. Als er zurückkehrte, erzählt er kopfschüttelnd, dass der Akku gar nicht leer gewesen sei, die Kamera jedoch nichts aufgezeichnet habe.

Nach einigen Überlegungen, wie so etwas möglich sein konnte, gingen alle wieder auf ihre Position, nur Uschi wechselte ihr Betätigungsfeld und kam mit zu der Buche, um Befragungen (des Raumes, der Atmosphäre, der unsichtbaren Geisterwelt …) mit dem Diktafon durchzuführen, während Tina EMF-Messungen (EMF = elektromagnetisches Feld) vornahm.

Gegen zwei Uhr trafen sich wieder alle beim Auto, doch außer dass im Schlafzimmer erneut die Tür von alleine aufgegangen war, hatte niemand etwas zu berichten. API begannen mit dem Abbau der Geräte und verließen das Gelände um 3 Uhr 30, um sich auf den Heimweg zu machen.

Einige Tage später erfolgte die Auswertung der Untersuchung im Schloss Walchen. Nach stundenlangem Durchsehen und -hören des Materials halten API folgende Zeugnisse paranormaler Aktivitäten in Händen:

Nur ein einziger Geist hat sich, körperteilweise, gezeigt, und zwar in dem roten Schlafzimmer, nachdem Günther erst den Akku aufladen wollte und die auf off gestellte Kamera wieder angeschaltet hatte. Man sieht die Tür aufgehen und mindestens eine Minute lang weiße, sich bewegende »Gebilde« vor dem Infrarotstrahler – es sieht aus, als würden Hände ins Nichts greifen.

Uschi beschloss, Schloss Walchen einen weiteren Besuch abzustatten, um die Gräfin Gurland aus der Reserve zu locken und das Geheimnis der alten Buche und der knirschenden Schritte zu lüften.

Doch es verging ein ganzes Jahr, bevor sich die Austria Paranormal Investigators, dieses Mal nur aus Uschi und Tina bestehend, erneut auf den Weg nach Walchen machten. Im Juni 2008 war es endlich soweit.

Dieses Mal wurden die beiden Frauen, die an einem kühlen Abend gegen 20 Uhr 30 beim Schloss eintrafen, von der Eigentümerin Friedrun Hahnreich, einer sympathischen jungen Frau, persönlich empfangen. Nachdem sich die Schlossherrin dann relativ bald verabschiedete, begannen Uschi und Tina gegen 21 Uhr 30 mit ihrer Untersuchung.

Dieses Mal war auch Biggi aus Deutschland, eine paranormal begabte Freundin von Uschi, via Internet und Webcam mit von der Partie.

Die beiden API-Mitglieder stellten ihre Kameras in die Nähe der Buche und vor die Eingangstür, in die Bibliothek und in das rote Schlafzimmer.

Danach gingen sie durch Haus und Garten und führten ihre Befragungen durch.

Beim Schlafzimmer angekommen, untersuchten sie die Tür und stellten fest, dass sie locker war und bei der kleinsten Erschütterung von allein aufsprang.

Dann setzte Uschi sich in die Bibliothek, während Tina wieder in den Garten ging.

»Da drin ist mir ganz anders geworden. Es war, als würde mich jemand die ganze Zeit über beobachten«, schildert Uschi ihre Eindrücke. Um sich abzulenken, untersuchte sie den angrenzenden Nebenraum, der wie ein Gebetszimmer wirkte, überall standen Kreuze und hingen religiöse Bilder, die Sitzgelegenheit sah aus wie eine Kirchenbank. Als sie aus dem Fenster schaute, sah sie die Kapelle und Tina, die im Garten herumspazierte und ihre Befragung durchführte.

»Der EMF-Messer spielt verrückt!«, rief Tina Uschi zu, als sie ihre Freundin oben entdeckte.

Uschi verließ ihre Position und ging ebenfalls in den Garten, um sich den Ausschlag des Gerätes anzusehen.

»Der Messer hat in der Nähe der alten Buche wirklich wie wild ausgeschlagen, die elektromagnetischen Strahlungen dort müssen massiv gewesen sein. Doch Schritte haben wir dieses Mal keine gehört.«

Dann gingen beide Frauen noch einmal zu dem Grab und fragten: »Ist hier jemand? Wer liegt hier?« Anschließend setzten sie sich auf die Stufen vor dem Eingang zum Schloss.

Kurze Zeit später kam ein Mann vorbei, der, wie sich herausstellte, der Stiefbruder der Besitzerin war und Interesse an der Tätigkeit von API zeigte. Er verriet, dass sich auf dem Gelände einige Keltengräber befinden und hörte sich interessiert Uschis Schilderungen zu den Vorkommnissen an. Doch da er müde war, zog er sich bald zurück. Gegen 2 Uhr 30 bauten die beiden Frauen alles ab und fuhren wieder nach Hause.

Dieses Mal waren die Geister relativ gesprächig, Uschi hat mehrere Aussagen auf dem Band.

»Wir sind da … glaub es mir!«, »Wir sind im Grau-Dunkel!«, wurde hinter dem Haus beim Grab aufgenommen. In der Bibliothek hieß es: »Rate, wer wir sind … irre!«, »Komm Tante!«, »Endlich Hilfe!« und »Mutter, morgen ist Sonntag … Sonntag sagt Uschi … Sonntag wird fein!«

Die meisten Stimmen sind männlich, können also nicht von der Gräfin Gurland stammen.

Biggi schickte eine weitere Aufnahme, die sie während der Aktion daheim in Deutschland vor dem PC gemacht hatte, nämlich ein helles, weißes Licht beim Altar in der Kapelle. Möglich, dass sich hier die geistig umnachtete Adelige gezeigt hat, die Schloss Walchen nicht verlässt, weil sie dort alles verlor, was sie liebte.

Vorchdorf: Schloss Hochhaus

Die mörderische Kaperger-Bande und ihr spukendes Opfer

5 Auch wenn Oberösterreich nicht zu den Zentren der Hexenverfolgungen zählt, gab es in diesem Bundesland immerhin 79 bekannt gewordene Hinrichtungen (in ganz Österreich dürften es um die 1 000 gewesen sein, die Dunkelziffer wird allerdings auf rund 2 000 geschätzt). Besonders viele Verurteilungen fanden um 1600, dann wieder zwischen 1640 und 1700 und ein letztes Mal in den 1720er-Jahren statt.

Während in Vorarlberg, dem Burgenland und Tirol mehr als doppelt so viele Frauen wie Männer hingerichtet wurden, sind in der Geschichte Oberösterreichs insgesamt 162 Gerichtsverfahren wegen Hexerei vermerkt, in denen 170 Männer und 86 Frauen angeklagt waren. Die erste Hinrichtung erfolgte im Jahr 1570 in Kremsmünster, die letzte 1732 – wegen Hostienschändung – ebenfalls in Kremsmünster. Bei dem jüngsten Verurteilten, der während der Hexenverfolgungen in Oberösterreich ins Gefängnis gesteckt wurde, weil er angeblich Mäusezauber betrieben hatte, handelte es sich um einen siebenjährigen Betteljungen.

Von den Anklagen wegen magischer Handlungen betroffen waren hauptsächlich die bäuerlichen und unterbäuerlichen Schichten, rund ein Drittel der Opfer hatte keine Arbeit und kein Zuhause.

Die »Hexen« (vom Wort »hag«, das Zaun bedeutet, abgeleitet. Interpretationen: »Zaunreiterin«, weil sie sich auf dem Zaun als Grenze zwischen Diesseits und Jenseits befinden, oder »Steckenreiterin«, weil sie auf einem Stecken oder Besen durch die Lüfte fliegen) sind in der Regel wegen Schadenzauber (Unwetter wie Hagelschauer oder anhaltendes Schlechtwetter und in Folge Missernte, Krankheiten für Mensch und Tier, Unfälle …), Verführung verheirateter Männer oder aufgrund ihres Paktes mit dem Teufel angezeigt worden.

Daher ist es nicht verwunderlich, dass es im Verlauf extremer Dürre- oder Regenperioden und in Zeiten von Hungersnöten auffällig viele Festnahmen, Verurteilungen und in der Folge Hinrichtungen gab.

Die Vorwürfe, die sich auf angebliche Beobachtungen stützten und nach welchen es meist zu einer Anklage kam, lauteten z. B.: durch die Luft fliegen, Unzucht mit dem Teufel, herausragendes Wissen oder besondere Kenntnisse und Fähigkeiten, »seltsame« Angewohnheiten usw. Allerdings wurden auch Menschen verfolgt und hingerichtet, die Krankheiten hatten, die man zu dieser Zeit nicht zuordnen konnte, etwa Epilepsie (damals ein »deutlicher« Hinweis auf »Besessenheit«).

Auch Johannes Kepler, Kaiser Rudolfs Hofastronom, war in Hexereivorwürfe verwickelt. Während seiner Prager Zeit verfasste er 1609 »Somnium«, ein Werk über den Traum von der Erkundung des Mondes und einer der ersten Science-Fiction-Romane überhaupt: Ein kleiner, dünner Spanier fliegt mithilfe seiner Mutter, die ihn die Kunst des Fliegens lehrte, zu dem fremden Planeten, um ihn zu erforschen. Als Keplers eigene Mutter (die »Leonberger Hexe« Katharina Kepler) 1615 wegen Zauberei angeklagt wurde, werteten die Richter auch die Mondflugfantastereien ihres Sohnes als Indiz. Sie entging nur knapp dem Tod auf dem Scheiterhaufen, wurde jedoch 1620 erneut verhaftet, in einer Stube im Stadttor in Ketten gelegt und 14 Monate lang unter strenger Bewachung gefangen gehalten. Johannes Kepler, der zu dieser Zeit in Linz als Landvermesser tätig war, konnte das Leben seiner Mutter zwar retten und ihre Freilassung erwirken, doch sie starb kurz danach an den Folgen der erlittenen Folter.

Die spektakulärsten Fälle in Oberösterreich stellten die Anklage der Kaperger-Bande in den Jahren 1658 und 1659, der Greinburger Hexenprozess von 1694 bis 1696 (der größte bekannte Fall des Bundeslandes mit 21 Hinrichtungen und drei im Gefängnis Verstorbenen) und die Verfolgung der Familie Grillenberger in den Jahren 1731 und 1732 (sechs Todesurteile) in Schwertberg dar. Die letzten Hexenprozesse in Oberösterreich wurden 1802 in Obernberg gegen Johann Keindl wegen Ausbrütens eines Hühnereis unter der Achsel und 1803 im Landgericht Mondsee gegen den 61-jährigen Josef Leitner wegen abergläubischer Handlungen geführt. In beiden Fällen kam es jedoch zu einem Freispruch.

Bei der Kaperger-Bande handelte es sich um mehr als 30 Diebe, die zusammen von 1649 bis 1660, vorwiegend im oberösterreichischen Alpenvorland, ihr Unwesen trieben.

Es war in einer Zeit, in der Land und Leute durch Kriege, Pestepidemien und Wetterkatastrophen geschwächt waren und breite Bevölkerungsschichten verarmten. In diesen trostlosen Jahren Mitte des 17. Jahrhunderts bildete sich eine räuberische Großbande um Hans Kaperger – ein Wirt aus Wartberg an der Krems – und seine beiden Söhne Georg und Wolfgang, genannt Wolf. Die Männer und Frauen überfielen in nächtlichen Aktionen zahlreiche Bauernhäuser in der näheren Umgebung von Vorchdorf im Bezirk Gmunden, stahlen Vieh, Wertsachen und Naturalien und schreckten auch vor Mord nicht zurück. Als Motivation für all ihre Straftaten gaben sie später die große Not »in der theuren zeit« an.

So erschlug Georg Kaperger mit zwei Bekannten am Dreikönigstag 1655 im Gasthof Aubichl – in der südöstlich von Vorchdorf gelegenen Lederau (Haus Nr. 28) und ein zentraler Schauplatz, weil sich die Bande häufig dort aufhielt, Bier trank und Schlachtpläne für ihre Missetaten ausheckte – den Pilger Matthias »mit einer Hacke und einem streich zum bloßen kopf, dass er hievon über und über purzelte«. Dann hängten die Männer den Ermordeten am Riemen seiner Tragtasche auf der Gerbstange beim Ofen auf, damit es nach Selbstmord aussah. Das Lokal gehörte zu dieser Zeit Hans Leonhard Moosbauer, der mit der Kaperger-Bande gemeinsame Sache machte. Heute befindet sich in diesen Räumlichkeiten noch immer der Gasthof Aubichl, dessen Zukunft allerdings ungewiss ist (Stand September 2014). Aus dem 17. Jahrhundert ist sogar noch die originale Holzdecke erhalten, die damals mit Stierblut eingelassen wurde, um sie resistent zu machen. An der Decke erkennt man noch die Bohrlöcher, wo die Gerbstange befestigt war, an der Georg Kaperger und seine beiden Bekannten den Pilger aufgehängt haben. Laut einem Stammgast, der ungenannt bleiben möchte, schleicht in dem Lokal nach Einbruch der Dunkelheit von Zeit zu Zeit der ermordete Matthias durch die Schankstube und bläst so manchem Gast seinen ranzigen Atem ins Gesicht.

1657 wurden zusätzlich okkulte Machenschaften aufgedeckt, in die die Kaperger und ihr Gefolge verstrickt gewesen sein sollen. Neben den kriminellen Untaten wurden der Bande auch Schadenzauber, »Teufelbrüderschaft« und Hostienfrevel zur Last gelegt. Man vermutete, dass die Bande die Satansbeschwörungen als eine Art Verbrüderungsritual durchführte, um den Verrat in der Gruppe zu unterbinden.

Im Jahr 1658 wurden elf Männer und Frauen gefangen genommen und einer »peinlichen Befragung« unterzogen (unter anderem im Schloss Hochhaus, Schlossplatz 1, Vorchdorf). Darunter befand sich neben Georg Kaperger auch Sigmund Ridler, ein Leinenweber aus der Lederau, der ab 1645 im Gasthaus Aubichl wohnte und sich 1650 der Bande angeschlossen hatte. Er wurde nach Hans Kaperger als einer der Ersten verhaftet und lieferte seine Komplizen ans Messer. Im Verlauf der grausamen Folter, unter anderem beim Zwicken mit glühenden Zangen, gestanden sie teilweise die ihnen vorgeworfenen Verbrechen, woraufhin man sie in einem aufsehenerregenden Prozess verurteilte und hinrichtete. Sechs der Bandenmitglieder wurden im April 1658 bei den Schacherteichen von Kremsmünster ans Rad gebunden und auf diese Weise getötet.

Georg Kaperger hatte sich unter anderem dazu bekannt, die Kunst des Wettermachens erlernt zu haben, die er entweder aus Bosheit oder im Vorlauf eines Überfalles zur Ablenkung einsetzte.

»Alter Kaperger Würth Zu Wartberg, Machet einen/ Treyfachen Kraiß in einen Zimer mit Haltung der H: Hostia / So er in Der Closter Kürchen Zu Schlierbach Empfangen / beschwöret Damit Die böße geister, Worauf Fünff, Nahmens / SPARMUNCUS, Spizhut, LAGGEI, Rabenvogl, und MAR/ COLPHUS in Menschlicher gestalt Erschinen«, wie es in der Legende des siebenten Bildes von dem zeitgenössischen Maler I. G. Haller heißt, der die Geschichte der Diebe in einem aus 25 Tafelbildern bestehenden Gemäldezyklus, den

»Schlierbacher Ketzerbildern«, festhielt. In Auftrag gegeben wurden die Werke, die heute als einzigartiges kulturgeschichtliches Dokument im Stift Schlierbach verwahrt werden, von dem damaligen Pfleger der Herrschaft Eggenberg und Hochhaus, Philipp Hölscher, der führend in der Verfolgung und Verurteilung der Kaperger-Bande tätig war.

Ausführlicher als auf den »Schlierbacher Ketzerbildern« wird in einer alten Schrift über Georg Kaperger und seine Teufelbrüderschaft berichtet:

Daniel Sauschneider (eigentlich der des Lesens kundige Sauschneider Daniel Mair) *ergibt sich 1638 am Sonntagabend (Sonnwendtag) zu Braunau in einem Garten, vor Sonnenaufgang, einem Teufel, genannt Markolfus, mit Leib und Seele. Der Teufel ist in spanischer tracht, halb weiss, halb schwarz gekleidet; die Hörner, ebenfalls halb schwarz, halb weiss, blicken aus der Allongeperücke hervor. Er kommt mit Georg Kaperger u.m.a. zusammen. Es erscheinen zwei Teufel, Markolfus und Spitzhütl; die pacta werden mittels Stechung einer »Glufen«* (= Stecknadeln) *in den »ungenannten« Finger der rechten Hand, mit dem eigenen Blute unterschrieben. Ein Spiessgeselle des Kaperger macht unter »Anlernung seines Geistes« ein »Bäuschl«, worein er eine »Partikel der hl Hostie gethan«, und erregt damit »40 Schauerwetter«. Als »Namm« böser Geister kommen noch die Namen »Sparmunkus, Laggai, Rabenvogl« vor. Die bösen Geister nehmen von Kaperger einen Trank, aber »kein Brod« an; die »Trünk« werden gesegnet, aber mit Gott nicht.*

Eines der weiblichen Familienmitglieder, Susana Kaperger, von der man nicht genau weiß, ob sie auch zu der Bande gehörte oder ob es sich bei ihr möglicherweise um Georgs und Wolfs Mutter Susanne handelte, hat am 14. August 1651 von Balthasar, dem Abt von Schlierbach, die »Ebenhöhhueb« in Ottsdorf gekauft, ein kleiner Ort bei Kirchdorf an der Krems im Traunviertel. 1669 befand sich das Halblehen allerdings bereits im Besitz eines Herrn Stefan Holzinger, und von Susana fehlt jede weitere Spur. Sicher ist nur, dass sich in ihrem Haus stets einige der Verbrecher aus der Familie aufhielten, die sich auf dem Ziehberg (zwischen Eiskogel und Pfannstein) mit anderen Bandenmitgliedern trafen, um dort zukünftige Raubzüge zu besprechen. Ein paar der Diebe und Mörder wurden auch auf diesem Pass gehenkt – und zwar genau dort, wo sich heute in einer Höhe von 683 Metern das Gassnerkreuz befindet (auf der linken Seite der Straße zwischen Steinbach und Micheldorf bei Kilometer 3,5).

Und genau an dieser Stelle soll es, laut Aussage einiger Einheimischen, vor allem an diesigen Herbsttagen von Geistern nur so wimmeln – die Kaperger-Bandenmitglieder kehren also offensichtlich immer wieder an den Platz zurück, an dem sie einerseits ihre mörderischen Pläne schmiedeten und andererseits zu Tode kamen. Berichtet wird von menschengroßen Nebelgestalten, die bedrohlich anwachsen, wenn man ihnen zu nahe kommt, sich aber in Luft auflösen, sobald man das Gassnerkreuz berührt. Dieses Phänomen ist angeblich mehrfach auch von ortsfremden Wanderern gesichtet worden. Auch bei den Schacherteichen sollen noch heute die sechs grausamen Männer und Frauen spuken, die nach ihrem Todesurteil 1658 an dem Gewässer vom Henker ans Rad gefesselt ihr Leben lassen mussten.

Eine besonders eigenartige Geschichte soll sich im Schloss Hochhaus in Vorchdorf zugetragen haben, wo Georg Kaperger, Sigmund Ridler und neun weitere Männer und Frauen der Kaperger-Bande tagelang gefoltert wurden.

Der kleine Renaissancebau wurde um 1600 auf den Mauern von Burg Hochhaus, die im 14. Jahrhundert entstanden sein dürfte, errichtet und dient nach einigen Besitzerwechseln und verschiedensten Verwendungszwecken nun seit 1927 als Gasthof. In den Jahren 1961 und 1962 ist das Gebäude, in dem sich im Turm auch ein Museum befindet, umfangreich renoviert worden.

Vor diesem Schloss ist die 38-jährige Marketing-Assistentin Patrizia Rocchus aus München offenbar einem der Männer aus der Bande, vermutlich Kaperger oder Ridler, begegnet – davon ist sie jedenfalls überzeugt. Sie erzählte mir von ihrem Erlebnis:

»Ich hielt mich im Mai 2014 mit meinem Mann und meiner kleinen Tochter zu Besuch bei meiner Mutter in Vorchdorf auf, und wir waren mit ihr an einem Donnerstagabend im Schlossrestaurant zum Essen verabredet. Wir kamen von meinem ehemaligen Zuhause, Mama von der Arbeit. Ich schickte meinen Mann Tobias mit unserer Tochter ins Lokal und bat ihn, Rosalie schon eine Kleinigkeit zu bestellen, da die Kleine vor Hunger bereits quengelte. Meine Mutter hatte schon über eine Viertelstunde Verspätung, aber ich wollte trotzdem wie versprochen vor dem Schloss auf sie warten. Als ich da stand und eine Zigarette rauchte, während ich ungeduldig von einem Fuß auf den anderen trat, schlurfte eine männliche Gestalt auf mich zu, die dann vor mir stehen blieb und mich aus schwarzen Augen musterte. Sie hatte eine dunkle Haut, die aussah wie altes Leder, schwarzes Haar und trug eine Art braune Kutte aus grobem Stoff. Dieser Mann starrte mich unverwandt an, dann bleckte er plötzlich die gelben und teilweise verfaulten Zähne und ein unangenehmer Geruch stieg in meine Nase. Ich war so perplex, dass ich nicht reagierte, Angst hatte ich aber nicht, da sich genug Leute auf der Straße befanden. Doch dann wollte der Mann mit seiner knochigen, dunkelbraunen Hand nach mir greifen. Ich wich erschrocken zurück und sah mich Hilfe suchend um. Da erkannte ich in der Ferne meine Mutter, die im Laufschritt auf mich zueilte, und trat ein Stück nach vor, damit sie mich sah. Sie kam rasch näher, lächelte entschuldigend und überschüttete mich schon von Weitem mit Erklärungen, lamentierte lautstark, dass sie nicht früher aus dem Büro weggekonnt und sich daher verspätet habe. Ohne ihr richtig zuzuhören, drehte ich mich um und blickte suchend nach links und nach rechts, doch der merkwürdige Mann war verschwunden. Dann unterbrach ich den Redeschwall meiner Mutter, die mittlerweile vor mir stand und mich mit hochgezogenen Augenbrauen musterte, irritiert, weil ich mich nicht über ihre Verspätung beschwerte, und fragte sie: ›Hast du den Typen gesehen, der gerade hier war?‹

Meine Mutter runzelte die Stirn und meinte nach kurzem Zögern, dass ich ganz alleine vor dem Haus gestanden habe, als sie um die Ecke gebogen sei. Sie erkundigte sich besorgt nach meinem Wohlbefinden und dachte vermutlich, ich würde vor Hunger bereits halluzinieren, und sie schob mich gleich darauf vor sich her in das Restaurant. Ich bin ganz sicher, dass ich einem Mitglied der Kaperger-Bande begegnet bin, das hin und wieder zu dem Schloss, in dem es gefoltert wurde, zurückkehrt. Mich hat die Geschichte dieser Leute immer schon fasziniert – bereits meine Oma hat mir von ihnen erzählt und gesagt, dass dieses ›Diebsgesindel und Mörderpack‹ von gewissen Orten in der Region nicht loskommt und dort bis heute sein Unwesen treibt.«

Alkoven: Schloss Hartheim

Der reuevolle Pfleger

6 Schloss Hartheim ist eines der bedeutendsten Renaissanceschlösser Österreichs, das sich im Eferdinger Becken bei Alkoven in der Nähe von Linz befindet. Bekannt geworden ist der Prachtbau allerdings nicht durch seine Architektur, sondern vor allem aufgrund seiner Funktion als größte und wichtigste von insgesamt sechs T4-Tötungsanstalten der Nationalsozialisten, in der zwischen Mai 1940 und Dezember 1944 rund 30 000 geistig und körperlich beeinträchtigte Menschen wie auch KZ-Häftlinge vergast wurden und die damals sogar das Prädikat »Musteranstalt« bekam.

Eine Familie Hartheim wird bereits im Jahr 1130 in Urkunden erwähnt: Es handelte sich bei ihr um Dienstleute des Bischofs von Passau, Reginmar, den man zur damaligen Zeit wegen seines weltlichen Lebenswandels heftig kritisierte.

Von 1287 bis 1323 befand sich die damals noch winzige Anlage, bestehend aus einem kleinen Wohnhaus und einem Turm, der von einer Mauer mit Wall und Graben umgeben war, im Besitz der drei Brüder Konrad, Peter und Heinrich von Hartheim, die die Burg durch ein Tauschgeschäft mit Stift Wilhering erhalten hatten.

Nach etlichen weiteren Eigentümern gelangte das Gebäude an die Familie Aspan, die vermutlich Ende des 16. Jahrhunderts ein Schloss nach den Idealvorstellungen der Renaissance – eine regelmäßige Vierflügelanlage mit vier polygonalen Ecktürmen und einem höheren Mittelturm – errichtete.

Im Jahr 1799 erwarb Georg Adam Fürst Starhemberg das Schloss. 1862 befand sich das Bauwerk bereits in einem eher schlechten Zustand, wie aus einem Bericht aus jener Zeit hervorgeht: »Thüren, Fenster und Öfen fehlen gänzlich, ... und mehrere Plafonds müssen erneuert werden.« 1898 übergab Camillo Heinrich Fürst Starhemberg das Schloss, die Nebengebäude und ein Grundstück als Schenkung an den Oberösterreichischen Landeswohltätigkeitsverein. Aufgrund zusätzlicher Spenden konnte dieser nun die seiner Zielsetzung entsprechende »Idiotenanstalt«, wie Einrichtungen für geistig beeinträchtigte Personen damals offiziell genannt wurden, errichten. Zwischen 1900 und 1910 hat man umfangreiche Renovierungen und Anpassungen durchgeführt und so etwa einen Bettenlift eingebaut. Die Anstalt wurde mit vier Insassen eröffnet, beherbergte im März 1916 bereits 108 Pfleglinge und wurde aufgrund guter Anstaltsführung sowie vorbildlichen Umgangs mit den Kranken im ganzen Land stets lobend erwähnt. Dennoch war man stets auf Spenden angewiesen. So kam es häufig zu Aufrufen in diversen Zeitungen:

Landeswohltätigkeitsverein. Am kommenden Dienstag den 30. März findet bei Herrn Fink um 7 Uhr abends die Generalversammlung der Ortsgruppe des obigen Vereines statt, auf welche besonders aufmerksam gemacht wird. Es seien die ergreifenden Worte hergesetzt, welche in der Beilage des Jahresberichtes aufscheinen, die lauten: »Um ein Stücklein Brot für die Blöden, Kretinen und Epileptiker Hartheims laßt euch edle Menschen bitten recht vom Herzen trotz der großen Kriegsnot. Denn hört: Eine Gabe für Hartheim ist zugleich eine Hilfe für unsere Gemeinden, welche vielfach nicht wüßten, wohin mit diesen Krüppeln an Körper und Geist in dieser schweren Zeit. Eine Spende für Hartheim bedeutet eine große Wohltat für die Eltern und Angehörigen dieser Stiefkinder der Natur. Eine Unterstützung Hartheims ist für die Pfleglinge selbst erst recht eine Guttat.« Zahlreicher Besuch ist sehr erwünscht. Die Mitglieder wollen auch Freunde mitbringen.

(Quelle: Neue Warte am Inn, 27. März 1915)

Trotz der regelmäßig fließenden Gelder kam es immer wieder zu Engpässen in der Pflegeanstalt:

Um das alte schmucke Schloss in Hartheim, in dem seit einer Anzahl Jahren erbarmungswürdige, hilflose, durch ein grausames Schicksal ihrer Selbstbestimmung unfähige Geschöpfe ein Asyl gefunden haben, heult der rauhe Herbstwind. An Türen und Fenstern bricht sich wohl sein pfauchender Atem, aber die Kälte, die er gleich einem gereizten Ungetüm ausspeit, dringt durch Fugen und Poren und erfüllt die hohen Räume mit Frösteln, Zittern und Zähneklappern. […] Der Landes-Wohltätigkeitsverein zur Erhaltung der Anstalt sorgte wohl, soweit es seine Kräfte gestatteten, für Heizmaterial, bei dem vielbeklagten Kohlenmangel konnte er jedoch nur eine geringe, unzulängliche Menge aufbringen. Hier tut Hilfe not!

(Quelle: Tages-Post, 27. November 1917)

Am 20. Februar 1918 hieß es in der Tages-Post: »Von den 111 Pfleglingen sind im vergangenen Jahre infolge Krankheit und wohl auch Unterernährung und Kälte 21 gestorben.«

So gingen die Jahre dahin. Irgendwie hielt sich die Anstalt immer über Wasser, sie musste ihre Pforten jedenfalls nicht schließen.

1938 jedoch wurde der Oberösterreichische Landeswohltätigkeitsverein aufgelöst, und im darauffolgenden Frühjahr wurden die zu dieser Zeit in Hartheim anwesenden 180 Patientinnen und Patienten, 17 barmherzigen Schwestern sowie 40 Hausangestellten und Dienstboten in das Stift Schlierbach verlegt. Im März 1940 folgte schließlich unter dem Vorwand, dass in »Schloss Haus« eine neue Anstalt zur Verfügung stehe, der Abtransport aller übrigen Pfleglinge in die Nervenklinik Niedernhart in Linz sowie in die Pflegeanstalten Schloss Haus und Baumgartenberg. Unmittelbar danach haben die Nationalsozialisten Schloss Hartheim zu einer Euthanasie-Anstalt umfunktioniert.

Bereits 1933 hatte der NS-Staat im Sinne der Züchtung einer »reinen Rasse« ein Gesetz »zur Verhütung erbkranken Nachwuchses« erlassen, Menschen, die in irgendeiner Weise beeinträchtigt waren, galten als »lebensunwert« und wurden als »Volksschädlinge« angesehen. Die Zwangseinweisung in eine Anstalt, die alternativ zur verpflichtenden Sterilisation erfolgte, hatte in allererster Linie den Zweck, die »Idioten« auf einen Platz zu konzentrieren, um den Nationalsozialisten so den tätlichen Zugriff zu erleichtern. Ab 1939 kam es zu der Aktion »Gnadentod«, im Zuge derer allein in Schloss Hartheim über 30 000 Menschen mit körperlicher und geistiger Behinderung sowie psychisch kranke Menschen ermordet wurden.

Man ging nach vorbereiteten Listen vor, erstellt von bezahlten Gutachtern, und ließ die betroffenen Personen durch damit beauftragtes Begleitpersonal aus ihren Heimen abholen, so aus der »Kretinen-Anstalt« (franz. crétin = »Idiot«) Ecksberg in Mühldorf am Inn, zu Institutionen wie Schloss Hartheim bringen und dort ermorden. Offiziell hieß es, die Insassen würden in andere Anstalten verlegt. Dabei ging es jedoch nur darum, Angehörige in die Irre zu führen und ihre Suche nach den Patienten zu erschweren. In Abgangsdokumenten stand häufig: »In eine der Direktion nicht genannte Anstalt übersetzt.« Ein großer Teil der durch Hunger geschwächten Insassen überlebte die Verlegungen nicht, was durchaus so beabsichtigt war.

Die Nazis hatten im Erdgeschoss von Schloss Hartheim im Ostteil eine Gaskammer, einen Leichenraum und einen Verbrennungsofen errichtet. In den Todesnachrichten an die Angehörigen hieß es, wegen der Gefahr der Verbreitung ansteckender Krankheiten sei die sofortige Einäscherung des Leichnams angeordnet worden.

Eine der Schwestern aus Ecksberg, wo die Anstalt 1852 von dem katholischen Priester Joseph Probst in einem baufälligen Mesnerhaus errichtet wurde, war am 17. Jänner 1941 bei dem Transport einiger ihrer Schützlinge nach Hartheim dabei und beschrieb die Situation in ihrem Tagebuch folgendermaßen:

Nachdem wir am 15.1. abends vollends ausgefroren in Eglfing ankamen, mussten wir noch einen ganzen Tag in einem kleinen Raum ohne ausreichende Sitzmöglichkeit verbringen (29 Personen). Da nur zwei kleine Tische vorhanden waren, musste ein Teil der Pfleglinge das Essen stehend einnehmen. Die Schlafgelegenheit war ausreichend. Am Transporttag, den 17. 1. 41, mussten die Pfleglinge um 4 Uhr früh aufstehen. Von der Anstalt aus gab es kein Frühstück; doch wir Schwestern sorgten für Tee und Semmeln. Um 4.45 Uhr ging es dann bei großer Kälte zum Transportzug. Diesmal sollten auch wir Schwestern die Pfleglinge begleiten bis zum Waggon (der auf freier Strecke stand). Bei schlechter Beleuchtung war die Verladung mit einem Viehtransport zu vergleichen. Die Fenster waren dicht gefroren; sicher waren die Wagen ungeheizt. Auf die Befürchtung, es könnten die Gehbehinderten keine Sitzge-

legenheit bekommen, sagte ein Mann: »Schwester, die brauchen nichts mehr, die kommen nicht weit.« In die Waggons durften wir Schwestern nicht hinein. Insgesamt mögen einige hundert Personen »verladen« worden sein. Es waren mehrere sogenannte »schreiende« Kranke dabei. Eine Schwester hielt sich in Waggonnähe verborgen und stellte fest, dass schon nach kurzer Zeit kein Laut mehr zu hören war. Bei all den Transporten durften die Schwestern nicht mit zur Begleitung. Einige der Kranken haben die Situation ganz erfasst und alles Leid der Kranken und Schwestern steht zwischen den Zeilen!

In der Pfarrchronik Alkoven wird ebenfalls über die Tötungen in Schloss Hartheim berichtet:

Schreckliche Szenen auf dem Schlosshof: Nach der Ankunft im bretterverschlagenen Hofraum wurden die armen Opfer in einen Abladeraum gebracht, neben dem sich eine Fotozelle befand, in der die mit einer Nummer versehenen Todeskandidaten fotografiert worden. Völlig entkleidet, angeblich weil sie ein Bad nehmen müssen, wurden sie in den Gasraum getrieben, unter dessen Decke Rohre mit sichtbaren Brausen liefen, die das todbringende Gas in den Raum leiteten. Durch eine Tür wurden die Leichen sodann an den Beinen in den neben der Gaskammer befindlichen Raum geschleift, in dem sie zu großen Haufen geschlichtet der Verbrennung harrten. Drei Verbrennungsöfen, die man in einem anschließenden Raum erbaut hatte, waren Tag und Nacht in Tätigkeit, um die Unzahl der Ermordeten veraschen zu können. Die Hinrichtungen und Veraschungen erfolgten geradezu fabrikmäßig am laufenden Band. Der Rauchabzug ins Freie erfolgte durch die Dachrinne. Häufig entstieg der Rauch in so dicken Schwaden, dass der penetrante Gestank den Ort verpestete.

Im Juni 1945 fand ein amerikanischer Untersuchungsoffizier die sogenannte »Hartheimer Statistik«, die von einem Verwaltungsangestellten, der 1968 und 1970 vor Gericht als Zeuge aussagte, erstellt worden war. Es handelte sich dabei um Zahlenmaterial, das unter anderem belegte, dass aufgrund der 70 273 Desinfizierungen in den sechs Tötungsstationen des Landes Lebensmittel im Werte von 141.775.573,80 Reichsmark eingespart werden konnten. Man ging in dieser Statistik bei den ermordeten Menschen von einer Lebenserwartung von zehn Jahren aus.

Die Tötung der Kranken in Hartheim erfolgte zumeist durch die beiden Ärzte Rudolf Lonauer – selbst Bruder eines an Epilepsie Leidenden – und Georg Renno, die die alleinige Befugnis zum Aufdrehen des Gashahns hatten. Lonauer soll auf dem Schloss laut späterer Aussage eines Pflegers aber auch zwischendurch immer wieder gemordet und einige Patienten, darunter auch Kinder, mit dem Präparat Luminal vergiftet haben. Er beging im Mai 1945 Selbstmord. Dr. Renno konnte zunächst untertauchen und flüchten, wurde jedoch 1961 gefasst und 1967 angeklagt. Das Verfahren musste jedoch aus gesundheitlichen Gründen des Angeklagten eingestellt werden, sodass Renno in Freiheit alt werden durfte, bevor er 1997 verstarb.

Aufgedeckt wurden die mörderischen Machenschaften der Nazis im Schloss durch einen besorgten Vater, der im Oktober 1940 den mysteriösen Tod seines Sohnes anzeigte. Es wurde gegen den ausdrücklichen Rat der Behörden in Oberdonau durch den Generalstaatsanwalt Ferdinand Eypeltauer ein Verfahren eröffnet, das er im September 1941 unter dem Druck »von oben« wieder einstellen musste. Er hat daraufhin sein Amt niedergelegt.

Die Pflegerinnen und Pfleger in Hartheim, die die »Idioten« bis zu ihrer Tötung betreuten, waren entweder selbst der Meinung, dass ein »dummer Kopf« oder ein »beschädigter Körper« das Dasein nicht lebenswert machte, oder sie hatten Angst vor den Konsequenzen, die sie erwarteten, wenn sie ihren Dienst nicht wie vorgeschrieben versahen. Viele von ihnen wurden aber auch besänftigt durch rauschende Feste, die in den Hallen der Anstalt regelmäßig stattfanden, vor allem das weibliche Personal ließ sich nur zu gerne von den spendablen Parteigenossen, den großspurigen SS-Männern und den wohlhabenden Ärzten beeindrucken.

Brigitte F., ein Medium, mit dem angeblich noch in der »Zwischenwelt« befindliche Verstorbene Kontakt aufnehmen und es um Hilfe bitten, dachte, sie würde in Hartheim die gequälten und grausam ermordeten Opfer schreien hören und könnte sie mit ihren Gebeten erlösen. Doch dann kam alles ganz anders, wie sie mir erzählte:

»Ich war im Frühling 2011 der Einladung einer Freundin gefolgt, die im Schloss Hartheim arbeitet. Sie hatte mir zugesichert, dass ich mich in dem Gebäude frei bewegen durfte, während ich mich dort aufhielt, um ungestört meine Mission erfüllen zu können. Mir war klar, dass ich an diesem Tag vielen Seelen würde helfen müssen, Erlösung zu finden und hoffte, dass sechs bis acht Stunden dafür ausreichten. Ich kam um 10 Uhr vormittags an und schritt befangen durch die hohen Räume, um mir einen ersten Eindruck zu verschaffen, und war ein wenig ängstlich, da ich befürchtete, sofort von Tausenden ›Geistern‹ überfallen zu werden, die sich alle Gehör verschaffen wollten. Doch ich hörte und sah gar nichts. Ich nahm zwar die Schwere der Ereignisse innerhalb der Mauern wahr und fühlte die negative Energie in der Atmosphäre, doch unerlöste Seelen kamen nicht auf mich zu, was mich zwar sehr verwunderte, aber auch freute. Doch als ich bereits abbrechen und mich mit meiner Freundin auf einen Kaffee verabreden wollte, hörte ich plötzlich eine dumpfe Stimme, die sich ihren Weg in mein Gehirn bahnte. Ein Mann hatte mit mir Kontakt aufgenommen, der sich als Anton Schrottmayer vorstellte. Ich kannte den Namen natürlich nicht und dachte, es handle sich um die Seele eines ehemaligen Anstaltsinsassen. Ich fragte also vorsichtig nach, was ihm denn passiert sei. Da stellte sich heraus, dass der Verstorbene als Pfleger im Schloss Hartheim gearbeitet hatte. Seine Schilderung ließ mir die Haare zu Berge stehen: Der Mann war einst nicht nur für die Betreuung der Eingelieferten zuständig, sondern auch als ›Brenner‹ tätig, musste also beim Einäschern der Leichen helfen. Darüber hinaus bestand sein Job darin, die ineinander verkrallten Toten aus der Gaskammer zu ziehen und den Raum von Exkrementen und Erbrochenem zu reinigen. Als nach dem Zweiten Weltkrieg im Rahmen eines Strafprozesses gegen ihn ermittelt wurde, nahm er sich im Gefangenenhaus Ybbs am 4. August 1946 nach nur zwei Tagen Haft durch Erhängen das Leben. Er sei dann, so erzählte mir Schrottmayer, als ›Geist‹ – wobei mich die Stimme aus dem Jenseits darauf hinwies, dass nur die noch Lebenden dieses Wort benutzen würden – auf Schloss Hartheim zurückgekehrt, um Buße zu tun. Trotzdem, beklagte er sich, sei er schon viel zu lange an diesem Ort gefangen, er könne nicht vor und nicht zurück, wie er es ausdrückte. Ich spürte seinen Schmerz, der mich tief berührt hat, obwohl sein Verhalten zu Lebzeiten natürlich unentschuldbar ist. Aber auch wenn man in solchen Fällen ausschließlich an die Opfer denken möchte, darf man dabei die Täter nicht vergessen, finde ich, daher habe ich nach kurzer Bedenkzeit mit meiner Zeremonie begonnen, um den Mann zu erlösen. Etwa fünf Minuten später hörte ich ihn schluchzen, danach hat er sich freundlich bei mir bedankt, mir ein langes, glückliches Leben gewünscht und ist ins Licht gegangen. Er ist jetzt frei, und das ist gut so. Ich habe, wieder zu Hause, im Internet recherchiert und den Namen des Mannes tatsächlich gefunden. Auch seine Angaben stimmen mit den Tatsachen überein.«

Monate später ergänzte Brigitte F. ihre Erzählung und berichtete von »einigen sabbernden Männern und Frauen, die verwirrt und jammernd durch die Gänge liefen, teilweise dabei kreischten und mit den Armen ruderten, gegen Türen und Fenster schlugen« und offenbar einen Ausgang suchten. Das Medium scheint ein paar der »Kretinen« gesehen zu haben, die als Pfleglinge im Schloss Hartheim ihr Dasein fristeten und dort häufig Hunger leiden und frieren mussten.

Ab März 1945 war im Schloss eine »Gauhilfsschule« untergebracht, danach wurde es zur Flüchtlingsunterkunft. 1948 wurde das Schloss wieder an den Landeswohltätigkeitsverein zurückgegeben, der 1969 in den Räumen, die in der Tötungsanstalt als Aufnahmeraum und Gaskammer gedient hatten, eine Gedenkstätte errichtete. Diese ist ab 1997 neu gestaltet worden, wobei man die baulichen Spuren der Tötungsanstalt freigelegt und gesichert hat. Außerhalb des Gebäudes bilden der Ort der ehemaligen »Busgarage« (in der NS-Zeit bezeichnete man als Duschräume getarnte Vergasungshallen als »Garagen«) und jener Teil des Gartens, in dem menschliche Überreste aus dem Krematorium verscharrt worden waren, ebenfalls einen Bestandteil der Gedenkstätte. In den ehemaligen Funktionsräumen erhält der Besucher historische Informationen zur NS-Euthanasie und zur Rolle von Schloss Hartheim in diesem System.

Seit 2004 dient das Gebäude zusätzlich als Stätte der Begegnung sowie als Lern- und Gedenkort unter der Betreuung und Anleitung des Vereins Schloss Hartheim.

Von Begegnungen mit Geistern hat mir außer Brigitte F. niemand etwas erzählt, allerdings wurde mehrfach von einer unangenehmen Energie berichtet, die Menschen dazu zwingt, bestimmte Räume zu verlassen. Auch sollen in dem

Gebäude häufig Personen ohnmächtig werden, die normalerweise keinerlei Kreislaufprobleme haben.

Es scheint so zu sein, dass feinfühlige Menschen unbewusst die schwere Bürde spüren, die auf jedem einzelnen Opfer der Nazizeit lag, das in den Räumlichkeiten der Anstalt täglich um sein Leben bangen musste. Ebenso förmlich greifbar sind offenbar die negativen Schwingungen, die während des verzweifelten Todeskampfes bei der Ermordung dieser Menschen freigesetzt wurden. Dass diese belastenden Energien die Atmosphäre des Schlosses niemals verlassen werden, ist nur allzu glaubhaft.

Neustift im Mühlkreis, Freistadt: Zwei Galgen und Burg Reichenstein

Der Spuk an den Richtstätten und ein geisterhafter Doppelgänger

Rund um Plätze, auf denen früher Todesurteile vollstreckt wurden, wo etwa Galgen standen oder immer noch stehen, herrscht eine besonders intensive Energie vor, und nicht selten spukt es an diesen Plätzen heftig. Einen Gesamtüberblick über mittelalterliche Richtstätten in Oberösterreich bietet eine rechts-topografische Karte, die vom oberösterreichischen Arbeitskreis für Klein- und Flurdenkmalforschung erstellt wurde: https://doris.ooe.

gv.at/fachinfo/kunst_kultur/doka/themen/schandefolter/default.aspx. Eines der bekanntesten Rechtsdenkmäler stellt der gut erhaltene Galgen Rannariedl dar, der sich einige hundert Meter westlich der Ortschaft Dorf in Neustift im Mühlkreis auf der zur Donau abfallenden Geländestufe befindet (von der Ortschaft aus führt ein Fahrweg nach Westen zum Galgen, die letzten 150 Meter muss man zu Fuß über eine Wiese gehen).

1575 erhielt die Herrschaft Rannariedl die »Hohe Gerichtsbarkeit«, was bedeutet, dass der Burgherr das Todesurteil aussprechen konnte. Es handelte sich dabei um den jeweiligen Besitzer der Schlossanlage Rannariedl in Neustift im Mühlkreis, die um 1240 als Wehrburg errichtet wurde. Der Name des Bauwerks leitet sich einerseits von der Ranna, einem Nebenfluss der Donau, und von dem Begriff »Rindeln« ab, wie man in dieser Gegend früher umgangssprachlich »vom Wind entwurzelte und liegen gebliebene Baumstämme« bezeichnete. Als man die Festung im 15. Jahrhundert mit der »Hohen Gerichtsbarkeit« ausstattete, war sie im Besitz von Achaz Öder, den der Graf Hans von Kevenhüller 1581 als Burgherr ablöste.

Heute befindet sich das Schloss in Privatbesitz und kann nicht besichtigt werden. Das etwa 200 Meter oberhalb der ehemaligen Wehranlage gelegene und aus dem 16. oder 17. Jahrhundert stammende Kanonenrondell ist allerdings frei zugänglich.

Da der jeweilige Burgherr der Festung Rannariedl ab 1575 das Todesurteil aussprechen konnte, wurde noch im selben Jahr in Dorf ein stabiles Hochgericht gemauert, das nicht so einfach des Nachts von randalierenden Bürgern zerstört werden konnte, wie es damals häufiger mit Holzgalgen geschah.

Heute steht an der Stelle, wo einst viele Menschen qualvoll starben, eine rund fünf Meter hohe, viereckige Säule aus Bruchsteinen, die sich in der Mitte stufenartig verjüngt. Oben, rund einen Meter über dem Boden, besitzt die Säule durchgängige Kanäle, die offensichtlich dazu dienten, Holzbalken durchzuschieben. Eine 1978 angebrachte Gedenktafel trägt folgende Inschrift: »Als ein Zeuge einstiger Macht der Burgherren von Rannariedl kündet dieses 1575 errichtete ›bestandhafte Hochgericht‹ von Verurteilung und Tod.«

In der Nähe des Galgens, so heißt es, werden regelmäßig Spukerscheinungen in Form geisterhafter Schatten gesichtet. Unabhängig voneinander berichteten mehrere Menschen, im Augenwinkel unheimliche Gestalten wahrgenommen zu haben, die blitzartig verschwanden, wenn man sich ihnen zuwandte. Auch von nächtlichem Wehklagen unsichtbarer Anwesender ist die Rede.

Genau davon erzählte mir auch die 26-jährige Marlene Wilfinger aus Hamburg, die für ein deutsches Gothic-Magazin alte Galgen in Deutschland, Österreich und der Schweiz fotografierte. Auf dieser Mission hielt sich die junge Frau im November 2012 in der Ortschaft Dorf auf, in der sie auch ein Zimmer gemietet hatte, weil sie hier eine Übernachtung einschieben wollte.

Sie berichtete von ihrer Fotosession am Galgen Rannariedl:

»Ich bin an diesem Tag im November gegen 15 Uhr in meiner Unterkunft angekommen und habe mich, todmüde von der Fahrt, erst einmal niedergelegt und ein Schläfchen gehalten. Später wollte ich noch zum Galgen, um ihn abzulichten, weil ich plante, am nächsten Tag schon zeitig in der Früh weiterzureisen, und weil ich außerdem ohnehin lieber in der Dunkelheit mit Blitz fotografiere. Nachdem ich aufgewacht war, bin ich ins Gasthaus gegangen, um mich zu stärken, denn ich plante, zu Fuß zur Richtstätte zu gehen, auch wenn es draußen Minusgrade hatte und ein eisiger Wind wehte. Doch ich musste mir unbedingt die Beine vertreten, weil ich den ganzen Tag im Auto unterwegs gewesen war. Als ich das Lokal verließ, begann es gerade zu schneien, dabei lag schon mindestens ein Meter Schnee in den Gassen und nur in der Mitte führte eine schmale Spur in der Breite von zwei Pkws aus der Ortschaft hinaus. Meine Kamera fest an mich gepresst, stemmte ich mich also gegen den Wind und stapfte in die Richtung, die mir vom Wirt des Gasthauses gezeigt worden war. Kein Mensch außer mir war unterwegs. Der ausgestorbene Ort wirkte in der Abenddämmerung und im Schein der Laternen, die an fast jeder Ecke mit einem lauten Summen ein flackerndes und zugleich relativ spärliches Licht auf den Weg warfen, richtig gruselig. Gott sei Dank schien der Vollmond, der die Szenerie zusätzlich ein wenig erhellte. Mir hat diese schaurige Stimmung aber ohnehin nichts ausgemacht, durch meinen Job bin ich an solche Momente gewöhnt, außerdem brachte mich das gleich in die richtige Stimmung. Auf dem Weg zum Galgen kam ich nach kurzer Zeit an einem kleinen Gebäude mit

Satteldach vorbei. Offenbar handelte es sich um die zur Richtstätte gehörige Kapelle, in der damals vor den Hinrichtungen noch für die Verurteilten gebetet wurde. Nachdem ich endlich beim Galgen angekommen war, packte ich mit klammen Fingern meine Kamera aus und knipste drauflos. Bald hatte ich mehrere Bilder von der steinernen Säule im Kasten und beschloss, den Rückweg anzutreten. Ich fror entsetzlich, und das Schneetreiben wurde immer dichter. Ich verstaute den Fotoapparat in meiner Umhängetasche und warf noch einen kurzen Blick auf die Richtstätte, bevor ich mich umdrehte und – die Hände tief in meinen Jackentaschen vergraben – umkehren wollte. Doch just als ich mich auf den Weg zu machen begann, sah ich aus den Augenwinkeln eine riesige Gestalt, die blitzschnell an mir vorbeischoss. Sie war wesentlich größer als ich und dunkel, mehr habe ich nicht erkennen können. Da ich nicht leicht zu erschrecken bin und auch selten Angst habe, blieb ich stehen und drehte mich in die Richtung um, in die das Wesen gelaufen war, konnte aber im Schneegestöber nichts erkennen. Fieberhaft überlegte ich, was das gewesen sein konnte … Ein Mensch jedenfalls nicht, soviel stand fest. Ein Tier? Wohl kaum! Was dann? Als ich jedoch spürte, dass meine Füße langsam zu Eisklumpen wurden, marschierte ich endlich los. Im selben Moment zischte wieder so eine Gestalt, oder dieselbe, auf mich zu und an mir vorbei. Dieses Mal reagierte ich schneller und fuhr herum, sah, wie ein mindestens zwei Meter fünfzig hohes Geschöpf in einem irren Tempo bewegungslos über den Boden glitt und in der Dunkelheit verschwand. Nun wurde ich doch ein wenig unruhig, denn bei dieser Erscheinung konnte es sich definitiv um kein Lebewesen handeln. Ein ferngesteuerter Roboter? Aber hier? Um diese Uhrzeit? Unlogisch. Noch während ich überlegte, kam plötzlich eine weitere Gestalt von vorne frontal auf mich zugerast. Wie gelähmt blieb ich stehen und riss die Augen auf. Und was ich dann sah, ließ mir die Haare zu Berge stehen: Durch die wirbelnden Schneeflocken hindurch blickte ich auf ein menschenähnliches Wesen, das in einen schwarzen Umhang gehüllt war. Als ich den Kopf in den Nacken legte, schaute ich direkt in ein kreidebleiches regungsloses Gesicht unter einer Kapuze. Das war wirklich deutlich zu erkennen, nicht irgendwie verschwommen, undeutlich oder fast transparent – dieses Wesen war so real wie ich selbst. Es blickte starr auf einen Punkt hinter mir, wo sich der Galgen befand, und bewegte sich darauf zu, ohne Notiz von mir zu nehmen. Wenn ich nicht im letzten Moment zur Seite gesprungen wäre, hätte es mich umgerannt oder wäre durch mich hindurchgeschwebt, wie Geister das manchmal zu tun pflegen. Ja, Geister! Denn um nichts anderes kann es sich bei diesem Wesen gehandelt haben. Ich gestehe: Selten im Leben war mir so mulmig zumute wie an diesem Abend ganz allein in der Dunkelheit beim Galgen Rannariedl. Ich bin dann schleunigst zurück in meine Unterkunft gelaufen und sofort zu Bett gegangen. Am nächsten Tag erzählte ich die Geschichte meiner Chefin am Telefon, doch das Einzige, was ihr dazu einfiel, war die Frage, ob ich die Gestalten fotografiert hätte. In der Pension fragte ich die Dame des Hauses, ob die Leute hier in der Gegend von seltsamen Gescheh-

nissen rund um die Richtstätte berichteten, und bekam ein kategorisches und recht unwirsches ›Nein!‹ zur Antwort. Also machte ich mich auf die Reise zum nächsten Galgen, den in Weitersfelden. Dort ist dann aber nichts Seltsames mehr passiert. Ich habe versucht, das Erlebte zu vergessen, weil es mir ohnehin niemand so richtig glaubt, aber das weiße Gesicht hat mich noch lange in meinen Träumen verfolgt.«

Ein bis heute ebenfalls gut erhaltener Galgen, der im Jahr 1570 aus behauenen Steinen errichtete wurde, befindet sich in Weitersfelden im Bezirk Freistadt im Mühlviertel, rund 100 Kilometer von der Ortschaft Dorf in Neustift entfernt (zu erreichen etwa über die B 38, die Böhmerwaldstraße). Er steht am Galgenbühel südwestlich der Gemeinde (Straße Richtung St. Leonhard bei Freistadt, rechts nach der ersten Kapelle auf dem Güterweg Richtung Straßreit abzweigen, dann auf dem ersten Weg links zu Fuß weitergehen bis zum Galgen).

Dieses Rechtsdenkmal besteht aus zwei je fünf Meter hohen Steinsäulen, die oben mit einem Balken verbunden sind. Es war allerdings schon komplett verfallen und wurde vom oberösterreichischen Rechtshistoriker Wilhelm Brachmann um 1970 neu errichtet.

Beim Galgen in Weitersfelden handelte es sich um eine Hinrichtungsstätte, die ausschließlich zu Zwecken der Machtdemonstration aufgebaut wurde: 1567 erwarb der steirische, erzkatholische Ritter Christoph Haym, der kurz zuvor aus türkischer Gefangenschaft heimgekehrt war, um 7.900 Gulden unter anderem Schloss und Herrschaft Reichenstein. Um sich das teure Renaissanceschloss, für ihn ein reines Prestigeobjekt, leisten zu können, erhöhte er die Pflichten seiner Leibeigenen und verbat den Bauern noch dazu, den neuen protestantischen Glauben nach den Lehren Martin Luthers auszuüben, was schließlich zum »Reichensteiner Robotaufstand« führte, der bis 1582 andauerte. Einer der Anführer war der Bauer Siegmund (in anderen Quellen lautet der Vorname Simon) Gaisrucker, »ein weißblichner Mann, bei 30 Jahre alt, von ziemlicher Länge mit einem falben Bärtl.« Zu Beginn des Jahres 1569 wurde auch die Burg Reichenstein von rund 300 Männern belagert, blieb jedoch uneinnehmbar. Gaisrucker, dessen einziger Sohn zu dieser Zeit spurlos verschwand und auch später nie wieder auftauchte, verdächtigte den Ritter, sein Kind entführt und in eine Wand der Festung eingemauert zu haben. Der abergläubische Gaisrucker glaubte nämlich an den Mythos, dass jede Burg uneinnehmbar bliebe, wenn sich ein unschuldiger Junge, »der noch kein Kämpfer ward«, tot in einer Wand des Baus verbarg.

Als Abschreckung für die aufsässige Bevölkerung ließ Haym 1570 den Galgen errichten, obwohl er nicht die Blutgerichtsbarkeit besaß und daher nicht dazu berechtigt war. Dies führte zu jahrelangen Streitigkeiten mit dem Landgericht Freistadt, das Haym letztendlich zu einer Strafe von 32 ungarischen Gulden verurteilte. Doch der sture Ritter ließ den Galgen trotzdem nicht entfernen.

Marlene Wilfinger aus Deutschland, die es beim Galgen Rannariedl spuken sah, hatte keine gruselige Begegnung bei der Richtstätte in Weitersfelden, dafür die 17-jährige Caroline S. aus St. Leonhard, die im Mai 2014 von ihrer Freundin überredet wurde, eine Nacht bei diesem Galgen zu verbringen. Es hatte sich dabei um eine Art Mutprobe gehandelt, da die beiden Mädchen mit dieser Aktion in eine Clique aufgenommen werden wollten.

»Miriam und ich wollten beim Galgen übernachten, weil uns ein paar Jungs und Mädchen ›feige Tussis‹ genannt und verspottet hatten, obwohl wir zu dieser Gruppe, der coolsten an der Schule, dazugehören wollten. Und wir dachten, wenn wir beweisen, dass wir keine Angst haben, obwohl ein paar Jungs die ganze Zeit über von einem Serienmörder sprachen, der seit Tagen in der Gegend herumschleicht, würde ihnen das imponieren. Von einem irren Killer hätte man ja in den Nachrichten etwas gehört, also hatten die das nur erfunden, da waren wir sicher. Dann meinten unsere Mitschülerinnen und Mitschüler noch, dass beim Galgen sicher die Seelen derer herumspuken würden, die einst dort baumelten, aber auch das schreckte uns nicht ab, weil wir nicht an Geister glauben. Wir erzählten also an dem Freitag, an dem wir im Freien schlafen wollten, unseren Eltern, dass wir bei der jeweils anderen übernachten würden, blieben bis etwa 22 Uhr bei unserer Freundin Ulli und wanderten dann los Richtung Galgen. Es war schon recht unheimlich, außerdem auch relativ weit, aber wir hätten ja kaum jemanden bitten können, uns mit dem Auto hinzubringen. Also liefen wir mit unserem Gepäck am Rücken durch die finstere Nacht und versuchten, uns mit lustigen Geschichten aufzuheitern. Wir sprachen uns gegenseitig Mut zu, indem wir immer wieder sagten, dass kein gefährlicher Mörder in unserer Gegend unterwegs war und es auch keine Gespenster gab, die uns heimsuchen könnten. Endlich angekommen, rollten wir unsere Schlafsäcke aus, tranken noch einen selbst gemixten Wodka-Lemon zur Beruhigung, machten mit dem Handy ein paar Beweisfotos und rollten uns dann auf den Iso-Matten zusammen. Es war eine relativ kalte Nacht, dafür aber sternenklar. Obwohl ich ein wenig fror, schlief ich relativ bald ein, wurde aber kurz darauf sofort wieder aus dem Schlaf gerissen, weil Miriam neben mir laut aufschrie. Zuerst dachte ich, sie hätte schlecht geträumt oder eine Maus gesehen, doch als ich mich zu ihr umdrehte, sah ich, dass sie aufrecht auf ihrer Matte saß und wie gebannt den Galgen anstarrte. Als ich sie frage, was los sei, stotterte sie ganz verstört, ein Mann schleiche zwischen den Säulen herum. Ich kicherte, weil ich das zuerst für einen Scherz hielt, aber als mich meine Freundin völlig verschreckt anschaute und pfauchte: ›Das ist kein Spaß, der bringt uns vielleicht um!‹, beruhigte ich sie und meinte, dass sie das sicher nur geträumt oder sich eingebildet hätte. Aber Miriam beharrte darauf, einen Mann gesehen zu haben und schrie auf einmal wieder: ›Da! Siehst du ihn nicht?‹ Ich schaute zum Galgen, und tatsächlich sah ich einen Schatten neben einer der beiden Säulen stehen. Meine Freundin begann zu schluchzen, verkroch sich in ihren Schlafsack und stammelte: ›Der soll weggehen, sag ihm, er soll verschwinden!‹ Du bist eine tolle Freundin, dachte ich, griff nach meinem Handy, fotografierte in Richtung Galgen und hoffte, dass das Blitzlicht den Mann vertreiben würde. Leider hat das nicht funktioniert, die Gestalt stand immer noch dort, nun allerdings zwischen den Säulen. Da bekam auch ich es mit der

Angst zu tun, aber was hätte ich machen sollen? Mich auch im Schlafsack verstecken? Weglaufen? Nach kurzer Überlegung beschloss ich, in die Offensive zu gehen und nachzuschauen, damit wir endlich Gewissheit hatten. Angriffslustig schnappte ich mir meinen Schlüsselbund, den ich notfalls als Waffe einsetzen wollte, und stand auf. Langsam schritt ich auf die reglose Gestalt zu und schrie: ›Wer sind Sie? Was tun Sie hier?‹ Antwort bekam ich keine. Mir schlotterten die Knie, als ich auf den Galgen zumarschierte, hinter mir hörte ich Miriam jammern, die behauptete, ihr letztes Stündlein hätte geschlagen. Als ich den Mann fast erreicht hatte, hob er den Kopf und schaute mich an. Er grinste, als ich ihn neuerlich anbrüllte, und riss den Mund auf. Ich wäre wirklich fast gestorben vor Angst. Plötzlich bildete sich eine rote Wolke vor dem Gesicht des fremden Mannes, aus der sich kleine Tropfen lösten und zu Boden fielen. Entsetzt starrte ich auf das Gebilde, das in meine Richtung strömte, drehte mich um und stolperte zu unserem Nachtlager zurück. Mir war speiübel, weil ich die ganze Zeit an Blut denken musste, und ich wäre fast in Ohnmacht gefallen. Ich kniete mich nieder, rüttelte Miriam, die noch immer unter dem Schlafsack saß, und schrie: ›Komm, nichts wie weg hier. Steh auf, wir verschwinden!‹ Meine Freundin rührte sich jedoch nicht und gab auch keinen Ton von sich. Panisch schaute ich zum Galgen, konnte den Mann jedoch nicht mehr sehen. Endlich flüsterte Miriam: ›Ist er weg?‹ Tatsächlich schien das der Fall zu sein, trotzdem packte ich hektisch alles zusammen und sagte: ›Beweg dich. Ich bleibe keine Sekunde länger hier!‹ Fünf Minuten später befanden wir uns auf dem Heimweg, schlichen uns in meinem Elternhaus in den Wohnkeller und verbrachten die restlichen Stunden gemeinsam auf dem Gästebett. Wir beschlossen, den Leuten in der Schule zu berichten, dass wir bis in die frühen Morgenstunden durchgehalten hatten und nichts Aufregendes passiert war. Und auch sonst wollten wir niemandem von den Vorkommnissen erzählen. Aber irgendjemandem musste ich mich anvertrauen und schilderte ein paar Tage später meiner Oma das Erlebnis. Die nickte wissend mit dem Kopf, als sei das gar nichts Besonderes, und meinte dann: ›Das war der Gaisrucker, der kommt nicht zur Ruh', bis er sein Kind gefunden und den Haym dafür zur Rechenschaft gezogen hat. Der spukt an den verschiedensten Plätzen zwischen Weitersfelden und der Burg Reichenstein und wird dabei immer wieder von Menschen beobachtet.‹ Nachdem mir meine Oma die ganze Geschichte von dem Bauern erzählt hatte, tat mir der Mann leid. Trotzdem gruselt es mich noch jetzt, wenn ich an die Nacht unterm Galgen denke, als diese rote Wolke auf mich zukam. Nie wieder lasse ich mich auf so eine verrückte Sache ein. Miriam redet gar nicht mehr über den Vorfall und meint, wir hätten uns das vermutlich nur eingebildet. Ich aber weiß, was ich gesehen habe, und werde das auch nie vergessen.«

Am 6. Juni 1571 wurde Christoph Haym in der Nähe seines Schlosses aus dem Hinterhalt erschossen. Der Tat verdächtigt wurde Siegmund Gaisrucker, auf den die Exekutive daraufhin ein Kopfgeld von 300 Gulden lebend oder 100 Gulden tot aussetzte, doch der Mann konnte untertauchen. Ver-

mutlich geschah das Verbrechen aus Rache für den mutmaßlichen Mord am Sohn des Bauern. Christoph Haym ruht in seiner Gruft in der Vogteikirche in Wartberg.

Im Sterbejahr des Ritters wurde im Markt Weitersfelden ein Holzpranger aufgestellt, an den man die Verbrecher der Umgebung angekettete und der Öffentlichkeit vorführte. Die Strafe bestand vor allem in der Schande, die der Verurteilte zu erdulden hatte und die ein späteres »normales« Weiterleben in der Gemeinschaft meistens unmöglich machte. Auch das Bewerfen mit fauligem Gemüse oder alten Eiern oder das Verprügeln der Person war üblich.

Der Holzpranger in Weitersfelden aus dem Jahr 1571 wurde 1648 durch einen mit Symbolen aus der Rechtskunde prächtig verzierten Steinpranger ersetzt. Heute befindet sich dieses Rechtsdenkmal vor dem Gemeindeamt des Ortes.

Die Ruine der Burg Reichenstein, die nach dem Tod des »Bauernschinders« dessen Sohn Hans Haym erbte, befindet sich auf einem schmalen, steil abfallenden Felsriegel oberhalb einer Flussschleife des Flusses Waldaist. Am Fuße der Erhebung erstreckt sich die aus einer kleinen Häuseransammlung bestehende Ortschaft Reichenstein, Gemeinde Tragwein, im Bezirk Freistadt im Mühlviertel (zu erreichen ist die ehemalige Festung über die L 1472, die Gutauer Straße, und weiter auf der L 1415, der Aisttalstraße).

Beim »Reichenstein« handelt es sich um eine Zusammensetzung aus den mittelhochdeutschen Wörtern »stein« und »rîch(e)« (= reich, stattlich, mächtig). Aus dem Wehrbau »zum reichen Stein« wurde später Burg Reichenstein.

Erstmals urkundlich erwähnt hat man die Festung im Zusammenhang mit Volricus de Richenstein (= Ulrich von Reichenstein) im Jahr 1230. Zu dieser Zeit dürfte erst mit der Errichtung der Anlage begonnen worden sein, vermutlich auf den Resten einer älteren Burg, die bei Arbeiten auf dem Gelände im Jahr 2012 entdeckt wurden. Die erste explizite Erwähnung des Baus selbst erfolgte 1295.

Nach dem Ableben des Erbauers Ulrich von Reichenstein befand sich die Festung, bevor Christoph Haym Einzug hielt, im Eigentum der Geschlechter Kapeller, Wallseer und Liechtensteiner.

Seit 1729 besitzt die Burg die vormals fürstliche Familie Starhemberg. Ab 1750 stand der Bau leer und verfiel, seit 1989 wird er nach und nach restauriert. Der derzeitige Eigentümer, Fürst Georg von Starhemberg, hat die Ruine einem Verein verpachtet, der für die Instandsetzungsmaßnahmen zuständig ist und sich um die Nutzung für kulturelle Veranstaltungen bemüht.

Im Nordwesten der noch aus dem Mittelalter erhaltenen Burgkapelle, in der sich zum Gedenken an Christoph Haym ein Epitaph mit dem reich gerüsteten Ritter in einem Säulenbaldachin zwischen zwei Reliefobelisken befindet, steht das Waldaist-Stöckl, das bis 1816 als Schule fungierte. Heute beheimatet der Bau ein Museum.

In unmittelbarer Nähe der Burg wird in regelmäßigen Abständen eine seltsame Männergestalt gesichtet, die »erstarrt, umfällt und dann im Boden versickert«, wenn man sie anspricht. Laut Einheimischen handelt es sich dabei entweder um Sigmund Gaisrucker oder Christoph Haym – da gehen die Meinungen derer, die das Wesen »kennen«, auseinander. Der 32-jährige Lukas L. aus Wien, der bis vor einiger Zeit in Reichenstein lebte, hat jedoch nicht die Bekanntschaft dieses geisterhaften Mannes, sondern die eines unheimlichen Kindes gemacht, wie er mir berichtete:

»Als ich noch ein Kind bzw. Teenager war, bin ich sehr oft bei der Burg gewesen, zum Spielen mit meinen Freunden und später auch, um dort Mädchen zu treffen. Eines Tages, ich war so 13, 14 Jahre alt, ging ich in den Ferien alleine hinauf und habe auf Betty gewartet, meinen Schwarm von der Schule. Ich saß auf einem Stein und orakelte mit einem Gänseblümchen ›Sie liebt mich, sie liebt mich nicht‹, als mir jemand von hinten auf die Schulter tippte. In Erwartung, die hübsche Betty vor mir zu sehen, drehte ich mich mit meinem strahlendsten Lächeln um und wäre vor Schreck fast vom Stein gerutscht, als ich einem Jungen ins Gesicht blickte, der genauso aussah wie ich – nur farblos und anders gekleidet. Er sah mich wortlos aus traurigen dunklen Augen an und faltete seine Hände. Ich brachte kein Wort über meine Lippen, starrte reglos auf die zarte Gestalt vor mir und hoffte, dass nicht genau in diesem Moment Betty um die Ecke bog. Was ich damals genau dachte, weiß ich nicht mehr. Ich wusste ja, dass ich keinen Zwillingsbruder hatte, außerdem sah der Junge nicht wirklich … lebendig aus, sondern eher so, als wäre er einem Schwarz-Weiß-Film entstiegen. Er trug eine Art Pluderhemd, das über den Ellenbogen zerrissen war, und eine wadenlange Lederhose. Seine

Füße steckten in kaputten Schuhen, aus denen die Zehenspitzen hervorlugten. Ich habe keine Ahnung, wie lange wir so verharrten, ich mit dem abgerupften Gänseblümchen in der Hand auf dem Stein sitzend, er betend vor mir. Nach schätzungsweise zehn Minuten kam Bewegung in den Jungen, er drehte den Kopf zur Seite und deutete mit einer Hand in Richtung Burg. Ich glaube mich zu erinnern, dass ich ihn gefragt habe, was er mir zeigen wollte. Doch der Junge gab keine Antwort und hielt den Zeigefinger starr in Richtung des alten Gemäuers gestreckt. Plötzlich hörte ich Betty meinen Namen rufen. Erschrocken schaute ich auf meinen ›Zwilling‹, der sich mir wieder zugewandt hatte. Und was dann passiert ist, hat mich noch lange nachts nicht schlafen lassen: Das Gesicht des Jungen begann sich zu verändern, bis er vollkommen anders aussah als anfangs. Seine Augen wurden ganz hell, und Tränen liefen ihm über die eingefallenen schmutzigen Wangen. Bettys Stimme wurde lauter und klang immer ungeduldiger, und ich rief: ›Warte, bleib, wo du bist, ich komm zu dir!‹ Ich sprang auf, stand ein paar Sekunden lang unschlüssig da und sagte schließlich zu dem Jungen: ›Ich muss gehen!‹ Da drehte der Junge sich um und lief davon. Noch bevor ich ihn aus den Augen verlor, war er verschwunden, er hatte sich nur wenige Meter von mir entfernt in Luft aufgelöst. Ich habe ihn nie wieder gesehen, obwohl ich in jenem Sommer noch oft auf der Burg war. Auch in den Jahren danach ist er mir nie wieder begegnet. Später, als ich die Geschichte über den eingemauerten Sohn vom Gaisrucker hörte, dachte ich mir, wahrscheinlich war er es, den ich gesehen habe und der mir gezeigt hat, wo er ums Leben gekommen ist.

Aurolzmünster: »Innviertler Versailles«

Der verrückte Erfinder, der unbedingt ins Schloss zurück möchte …

9

Das Wasserschloss Aurolzmünster, Oberösterreichs größtes Barockschloss, das auch als »Innviertler Versailles« bezeichnet wird, befindet sich in der gleichnamigen Marktgemeinde im Bezirk Ried (Schlossstraße 1) und ist in den Jahren 1691 bis 1711 entstanden. Der Errichter des prunkvollen Gebäudes im Stil des bayrischen Barock hieß Graf Ferdinand Franz Albrecht von der Wahl, dem der Besitz 1682 übereignet wurde. Zuvor hatte sich auf dem Grundstück ab dem 14. Jahrhundert der Herrschersitz des Adelsgeschlechts Tannberger befunden, der im Dreißigjährigen Krieg zerstört und 1672 abgebrannt war. In einer Urkunde aus dem Jahr 1312 taucht als Eigentümer des Schlosses Albrecht I. von Tannberg auf, der es von den Grafen Albrecht und Alram als Pfand erhielt. Gekauft haben das Anwesen im Jahr 1375 Hanns II. Tannberg und seine Frau Barbara.

Graf Ferdinand Franz Albrecht von der Wahl gab den Auftrag, das Innere des Schlosses mit aufwendigen Fresken und Stuckarbeiten schmücken zu lassen und einen weitläufigen Park anzulegen. Bei dieser Grünanlage handelte es sich nach Fertigstellung um ein Meisterwerk der barocken Gartenarchitektur mit wunderschönen Wasserspielen und zahlreichen Springbrunnen. Es befanden sich außerdem ein Amphitheater und ein Schießplatz in dem riesigen Park. Im 19. Jahrhundert hat man dort ein Hopfenfeld angelegt, und »an den Stellen der früheren vielen Wasserkünste wurden drei einfache Springbrunnen angebracht, Hainbuchen und Linden mit Kastanienbäumen vertauscht. In den Auen von Aurolzmünster werden Dammhirsche gezogen«, so steht es in dem 1834 erschienenen Werk »Erzählungen und Volkssagen aus den Tagen der Vorzeit von dem Erzherzogthume Oesterreich ob der Enns und dem Herzogthume Salzburg« von Benedikt Pillwein. Später entstanden auf dem Gelände der ehemaligen prächtigen Grünanlage unter anderem diverse Freizeiteinrichtungen wie ein Freibad und ein Tennisplatz.

Nach dem Ableben des Grafen Ferdinand Franz Albrecht 1702, also noch vor der Vollendung seines Prachtbaus, erbte diesen sein Sohn Ferdinand Franz Xaver. Als das Geschlecht von der Wahl mit Emmanuel II. 1797 ausstarb, fanden zahlreiche Besitzerwechsel statt, bis Schloss Aurolzmünster 1830 durch Zwangsversteigerung an Graf Arco-Valley von St. Martin im Innkreis fiel. Der baute das Schloss zur Zuckerfabrik um, die bis 1865 in Betrieb war. 1925 ließ der Graf die Inneneinrichtung mit allen Kostbarkeiten auf seinen Besitz in St. Martin bringen und verkaufte das leere Gebäude einigen Linzer Katholiken, die es dem pensionierten Postmeister von Attnang-Puchheim, Karl Schappeller (1875–1947), zur Verfügung stellten. Der sich mit Okkultismus beschäftigende Privatgelehrte baute an den von tiefen Wassergräben umschlossenen Seitenfronten des Schlosses, das zu diesem Zeitpunkt seinen einstigen Glanz bereits verloren hatte und allmählich zu verfallen begann, Laboratorien und Experimentierwerkstätten. 1938 beschlagnahmte die NSDAP einen Teil des Bauwerks und richtete dort einen Kindergarten ein.

Nach dem Zweiten Weltkrieg wurde das Gebäude erneut versteigert und gelangte nach diversen Streitigkeiten 1962 in den Besitz des Augsburger Astrologen Prof. Johann Janik, nach einem Erbschaftsstreit erhielt es 1977 Helga Vlasak, die das Schloss, das innen längst zur Ruine verfallen war, an den Kaufmann Helmut Mittermaier weitergab. Erst 1997 wurde unter dem neuen Eigentümer Graf Dr. Georg Spiegelfeld mithilfe einiger Investoren, des Landes Oberösterreich und Zuschüssen der Republik Österreich mit den Revitalisierungsarbeiten begonnen, die 2007 abgeschlossen werden konnten.

Heute beherbergt das Gebäude unter anderem das Gemeindeamt Aurolzmünster, ein Business Center, eine Arztpraxis und einige Firmen.

Der sonderbarste Bewohner des größten Barockschlosses von Oberösterreich war mit Sicherheit Karl Schappeller, der sich für einen begnadeten Erfinder hielt und der außerdem in der Gegend um Aurolzmünster das Grab des Hunnenkönigs Attila vermutete und dessen Schatz zu finden hoffte. 1932 diesbezüglich durchgeführte Grabungen, die weltweit für Aufsehen und in der internationalen Presse wochenlang für Schlagzeilen sorgten, blieben jedoch erfolglos.

Die einen hielten Schappeller für einen genialen Visionär, Magier und eine Art Messias, die anderen für einen Verrückten und Scharlatan. Allerdings haben heute die meisten den Oberösterreicher längst vergessen, obwohl er das Land in den 1920er-Jahren in Atem hielt und mit der finanziellen Unterstützung seiner Anhänger in der Bevölkerung sowie des Kaisers, der Kirche und der Freimaurer die Weltherrschaft an sich zu reißen gedachte.

In seinen Laboratorien bastelte Schappeller an einer Art universaler Energie, einer »Raumkraft«. Er behauptete, damit Strom erzeugen und Maschinen betreiben zu können, die Edelmetalle aus dem Erdinneren förderten sowie Eisen oder Blei in Gold verwandelten. Außerdem wollte er mithilfe eines speziellen Düngemittels die Ernte auf den Feldern verdreifachen und damit die soziale Not lindern. Schappeller versprach darüber hinaus, seine Raumkraft würde sogar in der Lage dazu sein, Naturkatastrophen zu verhindern.

Zu diesem Thema sollte er 1935 einen Vortrag halten, und zwar unter Anwesenheit Adolf Hitlers, der sich okkulten Themen stets sehr aufgeschlossen zeigte. Dieser Termin kam aber nie zustande.

Dazu gibt es in den Akten der NSDAP-Parteikanzlei folgenden Vermerk:

27.8.-12.9.35, E. Bührer, 11018

Mitteilung des Stabs StdF: Ein Vortrag der Erfindung »Raumkraft« eines Karl Schappeller (Aurolzmünster) bei Hitler nicht möglich.

W 124 02807 (240)

Man sagte Schappeller zeit seines Lebens einen sehr engen Kontakt zu den Nationalsozialisten nach, von denen er große Summen für seine Forschung erhalten habe. Bei dem erfinderischen Privatgelehrten handelte es sich offenbar um einen faszinierenden Mann – das behaupten zumindest ein paar ältere Herrschaften, die Schappeller kannten, als sie selbst noch Kinder waren. Jedenfalls muss er überzeugend gewesen sein, denn obwohl viele Bürger in dem Ort aufgrund ihrer Investition in Schappellers Visionen Haus und Hof verloren, gaben sie ihm ihr letztes Geld, wenn er sie darum bat. Man sagt, er habe die Reichen und Gebildeten genauso ausgenommen wie die einfache Landbevölkerung. Besonders zugute kam es ihm, wenn Frauen über ausreichend finanzielle Mittel verfügten und ihn damit bereitwillig unterstützten, oder wenn sozial höhergestellte Damen Zugriff auf das Vermögen ihrer reichen Gatten hatten und ihn davon profitieren ließen. Nicht nur einmal war von groß angelegtem Betrug die Rede – häufig aber auch von einer ärztlich attestierten Geisteskrankheit, die ihn letztlich vor einer Verurteilung bewahrte. Karl Schappeller, 1875 im Armenhaus von Aurolzmünster zur Welt gekommen und bei seinen Großeltern aufgewachsen, lernte Tischler, ging später zur Post und wurde nach seiner Pensionierung 1919 und dem Bekanntwerden seiner Pläne rasch zum Gesprächsthema Nummer eins in der Gegend. Bereits 1924 schrieben die Zeitungen über ihn, und ein Jahr später erhielt er von einigen geistlichen und einflussreichen Herren, die extra für diese Transaktion die »Verlegenheitsgesellschaft« gründeten, Aurolzmünster als »Versuchslabor«, wo er ungestört forschen durfte und das Anwesen mit seinen bahnbrechenden Erfindungen zur »Zentrale der Weltmacht« machen sollte. Im Gegenzug hatte er die Wohltäter finanziell an seinem Projekt zu beteiligen.

Viele seiner Anhänger bewunderten Schappeller auch für seine Zielstrebigkeit – er hatte bereits als Bub für das Barockschloss geschwärmt und verkündet, dass er dort einmal wohnen würde. Und viele Jahre später zog er tatsächlich dort ein. Mit ihm im Schloss lebten damals seine Frau Anna, Adoptivsohn Josef und die gemeinsame, 1903 geborene Tochter Antschi, außerdem ein paar Angestellte sowie einige englische Wissenschaftler, die im Auftrag des Erfinders in den Kellerräumen Experimente durchführten. Schon bald begann reichlich Geld zu fließen. Alle wollten an den »großartigen Erfindungen« des Visionärs teilhaben. Unter anderem trafen im Jahr 1928 Spenden aus des Kaisers Börsel in Aurolzmünster ein – der 1918 abgedankte Wilhelm II. investierte aus seinem Exil in Holland 280.000 Reichsmark in Schappellers Ideen. Der Herrscher hoffte, wie Insider verrieten, mithilfe der Raumkraft auf eine Rückeroberung des deutschen Throns.

Schappeller jedoch steckte das Geld in die Renovierung des Schlosses, feierte dann rauschende Feste darin und kaufte sich einen Pkw: »Studebaker«, Modell »Dictator«.

Neider, Kritiker und auch skeptische Vertreter der Kirche setzten immer wieder Spione auf die Familie Schappeller an, die sich im Schloss umschauen sollten, doch auch diese gerieten rasch in den Bann des Fantasten und seiner geheimnisvollen Tochter Antschi, die die Menschen ebenso bezaubern konnte wie ihr Vater. Nur Ehefrau und Mutter Anna hielt sich zumeist bescheiden im Hintergrund.

Kurze Zeit später fingen die ersten Streitigkeiten zwischen Bewunderern und Kritikern des Erfinders an. In dem Werk »Schappellers Raumkraft. Enthüllungen der Geheimnisse im Schloss Aurolzmünster. Tatsachen von X.X.«, erschienen 1929, verfasst von Anonymus, heißt es: »Das Schlaraffenland ist zum Greifen nahe. Wer wollte dies alles dem Meister nicht zutrauen?« Die bösen Zungen hingegen bekannten sich namentlich zu ihrer Meinung, so bezeichnete etwa der international renommierte Physiker Prof. Dr. Hans Thirring Schappellers Pläne als »grotesken Unsinn, Bierschwefel, unsinniges Geschwätz und einzigartige Hanswurstiade.«

Zudem gab es noch die Investoren, die immer ungeduldiger wurden, vor allem auch deshalb, weil sie für ihr Geld nichts zu sehen bekamen. Karl Schappeller machte zu dieser Zeit bereits Schulden, versprach aber weiterhin Wunder, die jedoch nie eintraten. Als die Gläubiger wegen Betrugs klagten, begann man am 6. März 1930 damit, das Schlossinventar zu versteigern – ein paar Wochen später waren die Schappellers plötzlich aus Aurolzmünster verschwunden.

Im selben Jahr erschien das Pamphlet »Vril – Die Kosmische Urkraft. Wiedergeburt von Atlantis«, verfasst von Johannes Täufer (vermutlich ein Pseudonym, gewählt in Anlehnung an den Propheten des Neuen Testaments), herausgegeben von der Reichsarbeitsgemeinschaft »Das kommende Deutschland«. Die in diesem Werk enthaltenen Pläne unterscheiden sich nur unwesentlich von den Ideen Schappellers. Das Wort »Vril« steht in diesem Zusammenhang für Okkultismus und spiritistische Laientheorien, und »Vril« ist zugleich der Name einer fiktiven Geheimgesellschaft, die Anfang bis Mitte des zwanzigsten Jahrhunderts in Deutschland existiert haben soll.

Schappeller und seine Familie kehrten jedoch schon im Jahr 1932 zurück – dieses Mal mit weniger Pomp und Herzlichkeit seitens der Bevölkerung als 1925 bei ihrem ersten Einzug, dafür mit dem Wünschelrutengänger Alois Binderberger und einer neuen Vision: Der Erfinder war davon überzeugt, dass unter dem Schloss Aurolzmünster der Hunnenkönig Attila (verstorben im Jahr 453 n. Chr.) mit all seinen sagenhaften Schätzen begraben lag. Er stützte seine Behauptung auf einen Bericht des Geheimwissenschaftlers und Sehers Peryt Shou (bürgerlicher Name Albert Christian Georg Schultz), der bei einem seiner früheren Besuche auf dem Schloss eine Vision kämpfender Hunnen hatte. Schappeller stellte zusätzlich selbst einige Recherchen an – und plötzlich schien die »Indizienkette« nicht mehr enden zu wollen: Aurum ist die lateinische Bezeichnung von Gold, die in Aurolzmünster steckt. Der nächste Hinweis ergab sich aus den Namen einiger Orte und Felder: Etzelhofen (Attila hieß im Nibelungenlied Etzel) und Hundschlagerfeld (evtl. Hunnenschlachtfeld) nahe Forchtenau. Geografischen Studien zufolge konnten die Hunnen auf ihren Feldzügen durchaus das Gebiet um Aurolzmünster durchquert haben.

Die Familie Schappeller bezog wieder Quartier und stieß dabei auf verblüffend wenig Widerstand seitens seiner ehemaligen Gönner und der Investoren. Binderberger, den seine Wünschelrute nach Aurolzmünster geleitet hatte, wo er von dem Erfinder sofort mit Beschlag belegt wurde, war ebenfalls davon überzeugt, dass Gold und Edelsteine unter dem Schloss zu finden seien.

Aufgrund seiner wachsenden Überzeugung, über einem Schatz zu wohnen, schickte der Fantast Schappeller seinen neuen besten Freund täglich mit der Wünschelrute in den Schlosshof, um das wertvolle Gut zu orten. Und Binderberger beschrieb brav, so wie es von ihm erwartet wurde, mithilfe der Ausschläge seines Messinstruments und in blumiger Sprache eine von Reichtümern überquellende unterirdische Tempelstadt. Doch als der ältliche Spiritist von Schappeller immer mehr zur Eile gedrängt wurde, brach er am 12. Februar 1932 im Schlosshof vor Erschöpfung zusammen. »Die enorme Kraftstrahlung der Hunnen« sei für den Schwächeanfall verantwortlich, wollte man den Lästermäulern im Ort, die sich mittlerweile in der Überzahl befanden, daraufhin weismachen. Später soll eben diese Energie schuld daran gewesen sein, dass die Arbeiter bei Grabungen in den unterirdischen Gängen reihenweise in Ohnmacht fielen – tatsächlich wird das wohl eher an der völligen körperlichen Verausgabung der Männer gelegen haben.

Doch schon bald gelang es Schrappeller wieder, einige Leute »einzuwickeln«, die ihm glaubten, vertrauten und ihn finanzierten – unter anderem der 74-jährige Prälat Ämilian Schöpfer, der das Startkapitel von 25.000 Schilling auftrieb und die Konzession für archäologische Ausgrabungen vom Bundesdenkmalamt besorgte. Daraufhin konnte innerhalb kürzester Zeit mit den aufwendigen Grabungen begonnen werden, und zwar dort, wo Schappeller vorher im Schlosshof am Boden nach den Anweisungen Binderbergers das unterirdische Labyrinth der Tempelstadt maßstabsgetreu aufgezeichnet und die vermutete Lage des Königsgrabes markiert hatte. In der ausgehobenen Erde fanden sich dann auch immer wieder »Beweise« für den Schatz wie alte Münzen, Hufeisen und sogar eine unterirdische Wand.

Auch Tochter Antschi, zu diesem Zeitpunkt knapp 30-jährig und angeblich medial veranlagt (die meisten Ortsbewohner behaupteten allerdings, die junge Frau, die stets einen Teddy bei sich trug und Angst vor Menschen sowie Bakterien hatte, sei ebenso geistesgestört wie ihr Vater), bestätigte die Annahmen ihres Vaters. So sah sie zum Beispiel in einer Vision Astralzwerge, die auf Flöten Hunnenlieder spielten.

Nach und nach arbeiteten immer mehr Menschen unter Anleitung des Schlossherrn auf dem Gelände, der Lohn sollte eine Beteiligung an dem Schatz sein. Man grub immer tiefer und tiefer und fand – nichts!

Wieder gingen Betrugsanzeigen gegen Schrappeller beim Bezirksgericht ein, und wieder wurde das Schlossinventar versteigert, jedoch von einer in den Erfinder verliebten Gönnerin wieder zurückgekauft. Immer mehr Geldgeber wandten sich ab, und 1933 erwirkten elf Gläubiger erneut eine Pfändung sämtlicher Möbel, Bilder und anderer wertvoller Gegenstände aus Schappellers Habe. Der Hausherr aber ließ weitergraben und tauchte mit seiner Familie erst nach einer Zwangsversteigerung gegen Ende des Jahres unter. Verfolgt und eingesperrt werden konnte er nicht, da er als »Geisteskranker« keine strafrechtlichen Konsequenzen zu befürchten hatte. Er war bereits im Jahre 1920 wegen Steuerhinterziehung unter Anklage gestanden und für unzurechnungsfähig erklärt worden.

Schon 1934 kam wieder zurück und fing erneut an zu graben, da ihm der treue Prälat Ämilian Schöpfer den Rücken freihielt – der Mann Gottes konnte weitere Pfändungen verhindern und trieb sogar neue finanzielle Mittel auf. Anfang 1936 stieg der zu diesem Zeitpunkt bereits hochbetagte Geistliche, der im März desselben Jahres verstarb, in den Schacht hinab, um die kraftvolle »Hunnenstrahlung« zu spüren.

Nach dem Tod seines Förderers stand Schappeller wieder ohne Geld und mit einem Haufen Schulden da. In einem der zahlreichen Konkursverfahren (NS 19/3119, 1936-1938) heißt es:

Ermittlungen gegen Karl Schappeller, Schloß Aurolzmünster (Oberösterreich bzw. Oberdonau) im Zusammenhang mit angeblichen kriegswichtigen Erfindungen auf dem Gebiet der Energieerzeugung. Enthält u.a.: Einvernahme des Reichsführers-SS als Zeuge im Konkursverfahren gegen Schappeller wegen anfänglicher finanzieller Unterstützung der Erfindungen durch den Reichsführer-SS.

Dem Erfinder gingen allerdings die Ideen nicht aus, so wollte er etwa auch den Neusiedler See trockenlegen lassen, um dort nach Attilas Grab zu suchen – ein Plan, der – wenngleich auch aus anderen Gründen – zuvor schon mehrfach gefasst worden war: Von 1878 bis 1918 strebte Nikolaus IV. Fürst Esterházy die Eliminierung des Gewässers an, da es seiner Meinung nach als solches »keine Bedeutung mehr« hatte. Die Bemühungen des Adeligen scheiterten jedoch letztlich am Anschluss des Burgenlands an Österreich im Jahr 1920. Die Umsetzung weiterer Vorhaben zur Trockenlegung des Neusiedler Sees ein Jahr später verhinderten burgenländische Jäger und Naturschützer sowie weite Teile der Bevölkerung, die eine Klimaänderung befürchteten.

Doch Schappeller traute man weiterhin einiges zu, wie dieser Artikel beweist:

In den Abendstunden des 25. Jänner zeigte sich auf dem nördlichen Himmel eine bei uns seltene Lichterscheinung. Es war ein Nordlicht, das in fast allen Ländern Europas zur gleichen Zeit zu sehen war. Die Himmelserscheinung war in ihrer ganzen Pracht so recht dazu angetan, tausende Beobachter in ihren Bann zu ziehen. Im ersten Augenblick hielten viele Leute die auffallende Röte am Himmel als den Widerscheine eines großen Brandes. Als sie aber sahen, daß das Licht den Standort wechselte und in fast gleicher Stärke länger als eine Stunde anhielt und eine riesige Ausdehnung annahm, wurde klar, daß es sich um eine ganz seltene Naturerscheinung handeln müsse. Nun steht fest, daß die Erscheinung ein Nordlicht war. Wir

Erdbewohner befinden uns augenblicklich direkt im Maximum einer Sonnenfleckenperiode, die uns eine so fesselnde Überraschung beschert hat […] Der nördliche Nachthimmel war für die Bewohner fast aller europäischen Länder sichtbar, in tiefe Feuerröte getaucht. Daher vermutete man vorerst den Ausbruch eines großen Brandes. Vielerorts, nicht nur bei uns in Österreich, wurden die Feuerwehren alarmiert, und auf diese Art hat man ungewollt dazu beigetragen, daß viele Menschen auf dieses herrliche Schauspiel der Natur aufmerksam wurden. Vorerst war man sich selbst in Kreisen der Wissenschaft über die Art des Himmelslichtes nicht klar. Man meinte, daß es sich um fliegenden Wüstensand, um einen Meteoritendurchgang oder um eine niedrig gelagerte und beleuchtete Wolke handeln könnte. Andere wieder, die solche Dinge weniger von der wissenschaftlichen Seite her ansehen, phantasierten von plötzlichen Kriegshandlungen Deutschlands gegen die Tschechoslowakei. Einer, der die seltene Farbenpracht in der Richtung gegen Aurolzmünster aufflammen sah, kam zur Vermutung, daß Schapeller jetzt seine Raumkraft ausprobiert.

(Quelle: »Rieder Volkszeitung« Nr. 4, 1938)

Als der Zweite Weltkrieg begann, wurden Teile des Schlosses durch die NSDP beschlagnahmt und es wurde dort ein Kindergarten eingerichtet. Die Familie Schappeller durfte weiterhin einige Räume bewohnen, verarmte jedoch und musste hungern und frieren. Von 1939 bis 1943 erfolgte die Einquartierung volksdeutscher Umsiedler im Schloss. 1941 starb Ehefrau Anna. Der erfolglose Glücksritter folgte ihr am 13. Juli 1947 nach einem Darmverschluss.

Über den Nachlass heißt es: »Die gesammelten Materialien des ehemaligen Postmeisters und Privatgelehrten Karl Schappellers hat das Oberösterreichische Landesarchiv im Jahre 1998 käuflich von Frau Mag. Irene Bauböck, Ried im Innkreis, erworben. Es handelt sich dabei um elf Schachteln mit Zeitungsausschnitten von 1924 bis 1939, Hefte mit physikalischen und mathematischen Berechnungen, Korrespondenzen und Notizen.«

Über Vermittlung von Frau Mag. Bauböck bot ein anonymer Verkäufer weiteres Material an, der Kauf kam jedoch aufgrund unterschiedlicher Preisvorstellungen nicht zustande. Entgegenkommenderweise wurde jedoch eine »Kopierung des Materials« gestattet (eine Mappe). Sämtliche Unterlagen aus dem Nachlass des Erfinders sind nicht öffentlich einsehbar.

Wo genau das Grab des Hunnenkönigs ist, der auf seinen Kriegszügen unermessliche Schätze erbeutet haben soll, mit denen er vermutlich auch bestattet wurde, ist bis heute nicht bekannt. Mehr als fraglich ist außerdem, ob diese Volksgruppe tatsächlich jemals durch Österreich gezogen ist – ernst zu nehmende Hinweise darauf gibt es jedenfalls nicht. Dafür jedoch gibt es etliche Hinweise darauf, dass Karl Schappeller den Ort, an dem er einerseits die Raumkraft erfinden, andererseits Attilas letzte Ruhestätte mitsamt unvorstellbarer Schätze entdecken wollte, auch als Toter nicht verlassen will. Das jedenfalls tuschelt man in Aurolzmünster hinter vorgehaltener Hand.

Einen handfesten Beweis für dieses Gerücht glaubt Amalia R., eine Bürgerin der Gemeinde, zu haben. Die 87-jährige rüstige Seniorin hat den Geist des Erfinders bereits mehrmals um das Wasserschloss schleichen gesehen.

»Der Schappeller ist entweder ein talentierter Hochstapler oder ein armer Irrer gewesen. Oder möglicherweise beides. Jedenfalls habe ich ihn gekannt, war allerdings noch ein Kind, als er bei uns sein Unwesen trieb. Jeder in Aurolzmünster hat damals von den unheimlichen Dingen gesprochen, die im Keller des Schlosses vor sich gingen. Der Schappeller und seine Assistenten, die täglich morgens im Gänsemarsch anmarschiert kamen, waren Thema Nummer eins im Ort. Jeder, der etwas wissen wollte oder zu erzählen hatte, ging damals in den Tante-Emma-Laden, da konnte man sich informieren und wurde auf dem Laufenden gehalten, auch wenn natürlich die meisten Neuigkeiten aus dem Schloss nur der Fantasie der Leute entsprangen. Aber aufregend war es allemal, die Menschen hatten ja sonst nicht viel zu erzählen und genossen das Getratsche über diesen Möchtegerngelehrten. Auch über seine Tochter wurde viel geredet, die soll ja noch verrückter als ihr Vater gewesen sein. Na, jedenfalls ist der sogenannte Erfinder ja erfolglos geblieben und im 47er-Jahr verstorben, danach hat man nichts mehr von der Familie gehört, die Antschi ist auch fortgegangen von hier. Ich selbst war auch lange weg, habe im Ausland gearbeitet und bin erst wieder 1975 nach dem Tod meines Mannes nach Aurolzmünster zurückgekehrt. Und seit dieser Zeit seh' ich den Schappeller ums Schloss schleichen, an den Mauern kratzen und sein Gesicht an die Scheiben drücken. Das passiert manchmal sogar tagsüber, häufiger aber abends, meist im Zwielicht, wenn gerade die Sonne untergeht. Einmal habe ich ihn sogar wimmern gehört, ganz leise nur, aber sehr traurig. Ich glaube, er würde gerne wieder dort wohnen, wo er eine so lange Zeit seines Lebens verbracht hat, vermutlich neben all den Fantastereien und möglicherweise Scharlatanerien auch glücklich war mit seiner Familie. Meine Bekannte vom Friedhof, die Erna, hat ihn auch schon einmal gesehen und mir davon erzählt, seitdem geht sie nicht mehr am Schloss vorbei. Mir macht das nicht so viel aus, auch wenn es mich gruselt. Aber immerhin begegne ich dem Schappeller aus dem Jenseits, der ganz genauso aussieht wie kurz vor seinem Tode, nur farbloser, jetzt schon seit fast vierzig Jahren, da erschüttert mich das nicht mehr wirklich. Irgendwie tut er mir sogar leid, wie er da immer wieder vergeblich versucht ins Schloss hineinzukommen. Ist aber vermutlich besser so, dass er sein Unwesen nur außerhalb der Mauern treibt und nicht die Leute erschreckt, die drinnen arbeiten. Mich würde ja interessieren, ob ihn andere Menschen außer Erna und mir auch noch sehen. Bis jetzt hab' ich nichts davon gehört – allerdings gibt es auch keinen Tante-Emma-Laden mehr, wo man hinter vorgehaltener Hand darüber tratschen würde.«

Quellen

Stand der Internetseiten per 1. September 2014

Allgemein
www.wikipedia.at, freie Online-Enzyklopädie
www.aeiou.at, österreichisches Wissensnetz
http://austria-forum.org, Wissensammlung online
http://anno.onb.ac.at, Sammlung historischer Zeitschriften, ÖNB Wien

Quelle aller Sagen in diesem Buch, sofern nicht anders angegeben: www.sagen.at, Datenbank zur europäischen Volkskunde

Linz: Linzer Schloss und Freinberg
Haider, Siegfried: »Geschichte Oberösterreichs«, Verlag für Geschichte und Politik, Wien 1987
www.burgen-austria.com
www.fadinger.trachtler.at
www.volksliederarchiv.de

Linz: Hotel Schiff
Fiala, Josef: »Die Februarkämpfe 1934 in Wien Meidling und Liesing«, Hamburg 2013
Wagner, Wilhelm: »Bildatlas zur Zeitgeschichte Österreichs 1918-1938«, Wien 2007
www.ooegeschichte.at/themen/politik-recht-und-gesellschaft/der-rest-ist-oesterreich/februarkaempfe-in-linz-und-ooe/12-februar-1934/
www.centrallinz.at/geschichte-des-hauses
www.wienerzeitung.at/dossiers/februar_1934/606569_Auf-Spurensuche.html
http://derstandard.at/1381372264730/Linz-Neues-Leben-in-historischem-Haus
www.kinogeschichte.at/blaeser.htm
www.ooegeschichte.at/uploads/tx_iafbibliografiedb/hjstl_1961_0243-0309.pdf

www.linz.at/archiv/denkmal/default asp?action=denkmaldetail&id=708
https://filmarchiv.at/show_content.php?hid=3

Salzkammergut: Mondsee

»Wundersames Mondseeland: Sagen, Legenden, Erzählungen für Kinder und Erwachsene aus dem Mondseeland und seiner Umgebung bis St. Wolfgang mit begleitenden Texten aus Geschichte und Naturgeschichte«, neu erzählt von Anton Reisinger, Museum Mondseeland, Verlag omnipublica 2006

Zarbl, Johann Baptist: »Erinnerungen aus einer Reise durch einige Abteien in Österreich und das k. k. obderensische Salzkammergut, mit Beilagen«, Verlag Pustet, Regensburg 1836

www.kraftort.org
www.austria.info
www.mondsee.at
http://austria-forum.org
www.kreuzstein.at/

Vöcklamarkt: Schloss Walchen

www.burgenkunde.at
http://buch-fundus.antiquar.de
www.landesarchiv-ooe.at

Grabherr, Norbert: »Burgen und Schlösser in Oberösterreich. Ein Leitfaden für Burgenwanderer und Heimatfreunde«, Linz 1970

Bieberberger, Christof und Alexandra Gruber, Johannes Herberstein, Gabriele Hasmann: »Geisterschlösser in Österreich. Spuk hinter herrschaftlichen Mauern – Augenzeugen berichten«, Wien 2004

Vorchdorf: Schloss Hochhaus

Urkundenrepertorium Stiftsarchiv Schlierbach, Nr. 113, S. 360 und Nr. 496, S. 240

Baumgarten, P. Amand: »Aus der volksmässigen Ueberlieferung der Heimat. IX. Geburt, Heirat, Tod, mit einem Anhang von Liedern«, Linz 1864

www.ooemuseumsverbund.at/museen/museumsshop/598_raeu-

ber_moerder_teufelsbrueder_die_kapergerbande_1649-1660_im_oberoesterreichischen_alpenvorland
www.landesmuseum.at

Alkoven: Schloss Hartheim

Fürstler, Gerhard und Malina, Peter: »›Ich tat nur meinen Dienst‹. Zur Geschichte der Krankenpflege in Österreich in der NS-Zeit«, Wien 2004
Schwantner, Johannes, Schwantner Andreas, Schwantner Thekla (Hrsg.): »Ideologie und Wirklichkeit des Nationalsozialismus: Hermann Langbein Symposium 2007«, Wien 2008
www.geschichtswerkstatt.de/ecksberg.html
www.schloss-hartheim.at
www.eduhi.at/dl/landesanstalt_hartheim.pdf
www.gsi-hartheim.at

Neustift im Mühlkreis, Freistadt: Zwei Galgen und Burg Reichenstein

www.lefnaer.com/recht/galgen.html
www.ooegeschichte.at/epochen/reformation-und-renaissance/bauernaufstaende/16-jahrhundert
www.landesmuseum.at
www.nachrichten.at/oberoesterreich/Als-sich-die-Bauern-wehrten

Aurolzmünster: »Innviertler Versailles«

Zur Pflege vaterländischer Geschichte aufgestellte Commission der kaiserlichen Akademie der Wissenschaften: »Archiv für Kunde österreichischer Geschichts-Quellen«, Wien 1860
www.diezeitschrift.at
www.burgen-austria.com/archive
http://hausruckgeheimnis.wordpress.com/category/schappeller
www.argus.bundesarchiv.de
www.atheisten-info.at/downloads/Prodoehl.pdf

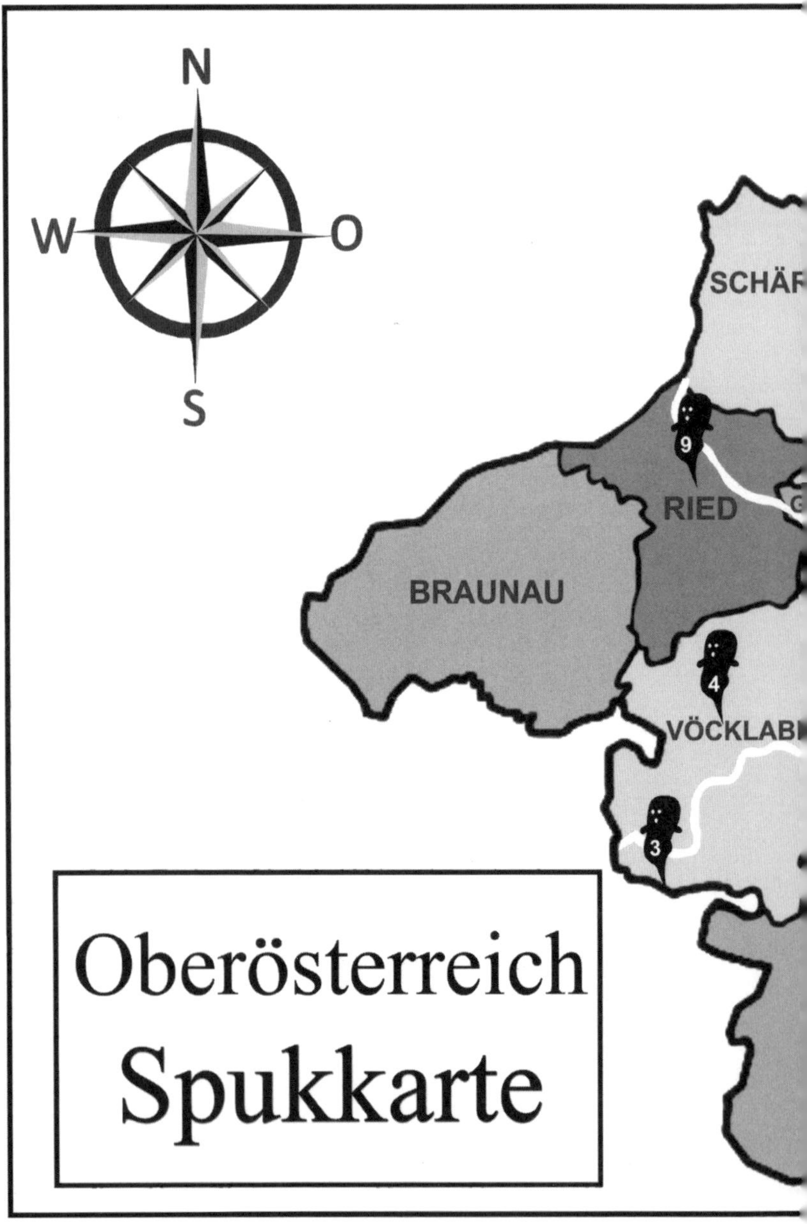

Oberösterreich Spukkarte